INVENTAIRE
F 31.490

I0030384

DES DIVERS
BÉNÉFICES
ACCORDES
A LA CAUTION
ET
DU RECOURS QU'ELLE PEUT EXERCER CONTRE LE DÉBITEUR,

PAR

ÉMILE CLAIRAT,

AVOCAT A LA COUR D'APPEL DE PARIS.

THÈSE POUR LE DOCTORAT

Présentée à la Faculté de droit de Paris, le Samedi 21 Août 1852, à 7 heures 1/2.

Président : M. ORTOLAN, Professeur;

Suffragants : MM. PELLAT, Professeur et Doyen;
— VALETTE, } Professeurs,
— VUATRIN, }
— DEMANGEAT, Professeur suppléant

- - - -

PARIS,
IMPRIMERIE ADMINISTRATIVE DE PAUL DUPONT,
Rue de Grenelle-Saint-Honoré, 45.

—

1852

DES DIVERS
BÉNÉFICES

ACCORDÉS

A LA CAUTION

ET DU RECOURS QU'ELLE PEUT EXERCER

CONTRE LE DÉBITEUR.

3.490

S 152,491

A MON PÈRE.

A LA MÉMOIRE DE MA MÈRE.

DES DIVERS

BÉNÉFICES

ACCORDÉS

A LA CAUTION

ET

DU RECOURS QU'ELLE PEUT EXERCER CONTRE LE DÉBITEUR,

PAR

ÉMILE CLAIRAT,

AVOCAT A LA COUR D'APPEL DE PARIS.

AOUT 1852.

5643

IMPRIMERIE ADMINISTRATIVE DE PAUL DUPONT,

Rue de Grenelle-Saint-Honoré, 45.

1852.

Paris, Imprimerie de Paul Dupont, rue de Grenelle-Saint-Honoré, 45.

INTRODUCTION.

Comme on le voit, d'après le titre que nous avons choisi, nous n'avons pas pour but d'étudier la matière du cautionnement dans son entier. Le sujet eût été trop vaste, et nous avons préféré le circonscrire afin de l'examiner d'une façon plus approfondie. Nous ne nous occuperons donc de rechercher ni quelle est la nature de ce contrat, ni quelle est l'étendue de l'obligation qu'il produit, ni enfin comment il prend naissance, ni comment il s'éteint ; mais nous prendrons le contrat tout formé ; nous mettrons les parties en présence, le créancier vis-à-vis du débiteur et des cautions, et nous nous demanderons 1° quels sont sur les poursuites du créancier les bénéfices qu'une caution peut invoquer, et 2° quel est, dans le cas où elle a payé, le recours qu'il lui est permis d'exercer contre le débiteur.

Les cautions jouissent en vertu de la loi de trois bénéfices qui sont :

Le bénéfice de discussion ;
Le bénéfice de division ;
Le bénéfice de cession d'actions ou de subrogation.

Ces trois bénéfices, nous allons les examiner successivement dans les trois premiers chapitres, et nous consacrerons le quatrième à l'examen du recours que la caution peut exercer contre le débiteur.

La matière que nous nous proposons ici d'étudier se trouve comprise entre les articles 2020 et 2033 du Code Napoléon.

1

CHAPITRE PREMIER.

DU BÉNÉFICE DE DISCUSSION.

§ 1er. — *De son origine.*

1. — De quelle époque date l'introduction de ce bénéfice en faveur de la caution?

L'on dit en général qu'il était inconnu dans l'ancien droit romain, et que Justinien, touché par cette considération qu'il est conforme à l'équité de voir le créancier s'adresser tout d'abord à celui dans l'intérêt duquel l'obligation a été contractée, *qui aurum accepit debitumque contraxit*, fut le premier qui l'introduisit dans sa *Novelle IV*, chapitre 1er.

Cependant Justinien lui-même dans les quelques lignes qui précèdent cette *Novelle*, nous avertit que ce bénéfice avait déjà existé au profit des cautions, qu'une loi l'avait anciennement établi, puis qu'elle était tombée en désuétude on ne sait comment (1), et qu'enfin c'était cette même disposition qu'il reproduisait tout en la modifiant, parce qu'il la regardait comme fondée en raison et en nécessité, *per causas semper exquisitas atque necessarias apparentem.*

Il est donc incontestable, de l'aveu même de Justinien, qu'une disposition législative avait réglé ce point. Mais à quelle époque fut-elle portée et quand cessa-t-elle d'être en vigueur?

C'est ce qu'on ne saurait dire; car il n'est rien resté de cette loi; et nous n'aurions même pas soupçonné son existence, si elle

---

(1) *Legem antiquam positam quidem olim, usu vero nescimus quemadmodum non approbatam.*

ne nous avait été révélée par la préface de la Novelle dont je viens de parler.

2. — Cujas prétend qu'elle date des *Douze Tables* (1). Ce n'est qu'une conjecture ; toujours est-il qu'on peut la regarder comme fort ancienne, car elle a dû disparaître de bonne heure.

3. — Je lis dans M. Ponsot (n° 183) que, jusqu'au règne d'Alexandre Sévère, et par conséquent jusqu'en l'année 222 de l'ère chrétienne ou à peu près, il n'était permis aux créanciers de poursuivre la caution qu'après avoir discuté dans ses biens le débiteur principal. Mais n'est-il pas probable que bien longtemps avant cette époque, la loi dont nous parlons avait cessé d'exister? Je ne comprendrais pas que Gaïus, qui vivait plus de soixante ans avant cet empereur, eut passé sous silence une pareille faveur accordée aux cautions, si elle existait de son temps, et qu'en nous énumérant plusieurs plébiscites qui avaient successivement réglé la matière de la *sponsio* ou de la *fidejussio*, il eut complétement omis de mentionner la disposition législative dont nous recherchons ici la source et la durée. Je crois donc que déjà bien avant Gaïus le créancier pouvait, à son choix, actionner, ou le débiteur, ou la personne qui l'avait cautionné sans que celle-ci pût le renvoyer à discuter les biens du principal obligé. Quoi qu'il en soit, le créancier continua de jouir de cette faculté jusqu'au règne de Justinien; c'est ce que nous savons par un fragment de Paul et par d'autres textes; c'est surtout ce que nous apprend une constitution de l'empereur Antonin ainsi conçue : *Jure nostro est potestas creditori, relicto reo, eligendi fidejussores, nisi inter contrahentes aliud placitum doceatur* (2).

4. — Mais pourquoi ce bénéfice de discussion était-il tombé

---

(1) Exposition de la *Novelle IV* : « *Vetustissima enim est et forsitan Duodecim Tabularum.* »

(2) Loi 5 au Code *De fidej.* C'est en conséquence de ce principe que le créancier pouvait actionner le fidéjusseur sans qu'il fût permis à celui-ci de le forcer à vendre le gage que lui avait donné le débiteur. (Voir la loi 17, au Code *De fidej.*) Mais aujourd'hui, et depuis l'introduction du bénéfice de discussion, nul doute que la caution ne puisse renvoyer le créancier à vendre le gage remis entre ses mains.

en désuétude? Justinien nous dit que cela arriva on ne sait comment. Cependant, ne peut-on pas penser qu'il en fût ainsi précisément à cause des inconvénients que présentait dans certain cas ce renvoi au débiteur ; inconvénients dont on avait reconnu la gravité et auxquels Justinien chercha à remédier dans sa constitution.

5. — Il était, en effet, un moyen facile pour la caution qui s'entendait avec le débiteur de paralyser l'action entre les mains du créancier ou tout au moins de l'entraîner dans des frais et de lui faire subir des lenteurs extrêmement préjudiciables à son droit. Ainsi la caution renvoyait le créancier à discuter les biens du débiteur qui avait le soin de se tenir caché et de faire défaut, de sorte que le créancier, sans cesse à la recherche d'un débiteur insaisissable, se voyait forcé de recourir à une procédure particulière aussi longue que difficile, dans le but de faire constater cette contumace et de revenir contre la caution.

Cette absence préméditée et concertée avec la caution ne serait pas chez nous un grand obstacle à l'exercice des droits du créancier ; car, avec cette fiction qui consiste à regarder les sommations, assignations ou tous autres exploits d'huissier laissés au domicile du débiteur comme remis à sa personne (art. 68 du *Code de proc.*), on comprend que la mauvaise foi de celui qui voudrait se dérober aux poursuites n'est plus à redouter (1). Mais il en était autrement en droit romain ; on n'y connaissait ni l'assignation, ni cette manière de procéder par défaut contre un adversaire absent ; le demandeur devait appeler, *in jus vocare*, et au besoin amener par la force le défendeur devant le magistrat ; or, si celui qu'il fallait ainsi appeler *in jus* était absent, l'*in jus vocatio* ne pouvait avoir lieu, et dès lors il devenait impossible d'organiser l'instance. Je sais bien que plus tard le Préteur, dans de pareilles circonstances, vint au secours du demandeur en l'envoyant en possession des biens de l'absent *custodiæ causâ* ; mais cette ressource ne pouvait présenter de l'utilité que

---

(1) Voir Pothier, n° 409.

dans les cas où le défendeur avait un patrimoine et particulièrement des biens immobiliers ; or, cela devait rarement se rencon-
trer chez des débiteurs cautionnés ; car, si le créancier s'était fait
donner un fidéjusseur, c'est que probablement la personne qui
contractait avec lui ne présentait pas par elle-même des garanties suffisantes de solvabilité.

6. — On comprend dès lors comment il se fit que ce bénéfice
de discussion, utile au fidéjusseur, mais ruineux pour le créancier, finit par disparaître de la pratique (1) ; si bien qu'il ne fût
plus permis à la caution de renvoyer le créancier discuter les
biens du débiteur que dans les cas où cela avait été spécialement
stipulé, comme par exemple lorsque l'obligation s'était formée en
ces termes : *Quanti minùs servari potuerit, fide tuâ jubes?* —
Fide meâ jubeo (2) ; ou bien : *si reus quadraginta quæ ei credidi
non solverit, fide tuâ esse jubes? — Fide meâ esse jubeo* (3).
Alors la discussion préalable était forcée, puisque la caution ne
pouvait être poursuivie que pour ce dont le créancier n'aurait pu
se faire payer du débiteur.

7. — Tel fut en cette matière l'état du droit jusqu'à Justinien.
Mais ce prince, nous l'avons dit plus haut, jugeant digne de faveur la position de celui qui, dans un but désintéressé, se porte
garant de l'exécution d'une obligation, remit en vigueur la loi
qui jadis avait établi ce que l'on a appelé plus tard le bénéfice
d'ordre ou de discussion.

---

(1) Notons toutefois que l'ancien usage continua à être observé dans certains cas. Ainsi, le fisc ne poursuivait jamais la caution qu'après le débiteur
principal, et les cités agissaient de même à l'égard des magistrats munici-
paux : elles les discutaient dans leurs biens avant d'exercer des poursuites
contre les fidéjusseurs qu'ils avaient donnés. Aujourd'hui il n'en est plus
ainsi : la loi est la même pour tous ; le fisc comme tout autre créancier peut
poursuivre à son choix le débiteur ou la caution, sauf à celle-ci à lui opposer
le bénéfice d'ordre quand elle n'est pas engagée solidairement ; mais le
plus souvent c'est ainsi qu'elle est tenue envers le fisc. (Voir M. Dalloz,
n° 172.)

(2) *Papinien*, L. 52, Dig. *De fidej.*, et 116, Dig. *De verborum oblig.*
Voir aussi *Scævola*, L. 65, Dig. *De fidej.*

(3) L. 16, § 6, *Julianus*, Dig. *De fidej.*

8. — Quant à la modification par lui apportée à l'ancienne loi, voici en quoi elle consistait : En cas d'absence du débiteur, le créancier n'était plus exposé à subir les lenteurs d'une longue procédure. Sur la demande du fidéjusseur qui voulait user de l'exception d'ordre, le juge devait lui accorder un délai suffisant pour mettre en cause le débiteur principal; mais, ce délai expiré, si celui-ci n'avait pu être produit devant les tribunaux, l'action se poursuivait sans retard contre le fidéjusseur (1). C'est ainsi que Justinien écarta la difficulté contre laquelle l'ancienne loi avait été impuissante (2), et sut concilier tout à la fois et l'intérêt du créancier et la faveur due à la caution.

9. — Toutefois, il n'admit pas à jouir de ce bénéfice les *argentarii* ou banquiers. Les *argentarii* faisaient à Rome le commerce de l'argent; or, on pensa que, pour donner une utilité plus grande aux services qu'ils étaient appelés à rendre, il ne fallait pas leur permettre de renvoyer au débiteur le créancier qui les actionnait, et qui, d'ailleurs, avait dû compter sur leur intervention comme fidéjusseurs, en raison de la confiance que leur position inspirait.

Mais les banquiers ne tardèrent pas à se plaindre et à trouver injuste cette prohibition de la loi qui leur interdisait, quand ils étaient fidéjusseurs, d'invoquer un bénéfice que pouvaient leur opposer ceux qui s'étaient engagés envers eux en cette même qualité. Aussi imaginèrent-ils pour rétablir l'équilibre, chaque fois qu'il leur était présenté une caution, de la faire renoncer à l'exception d'ordre dont plus tard elle aurait pu user. Cette mesure, à son tour, fit des mécontents, et souvent la validité de ces renonciations fut vivement contestée, jusqu'à ce qu'enfin Justinien,

---

(1) *Si verò….., qui sponsioni se subjecerit, adsit : principalem reus abesse contigerit….…; probet (is qui crediderit) sponsôrem….…: et causâ præsidente judex det tempus sponsori volenti principalem deducere. Si verò tempus in hoc indultum excesserit, tunc sponsor exequatur litem. (Novelle 4, cap. 1er.)*

(2) *Sed et hoc quidem curandum est à nobis possibili modo; non enim erat quoddam hic antiquæ legi datum pro sanatione remedium (Novelle 4, cap. 1er.)*

cédant aux obsessions des *argentarii*, eût tranché toute difficulté en déclarant, dans sa *Novelle CLVI*, qu'il est permis à chacun de renoncer au droit introduit en sa faveur : *non videtur contrà legem esse, proptereà quod unicuique integrum est his, quæ ipsi à legé data et concessa sunt, renuntiare*. On comprend combien cette précaution prise par les *argentarii* dut restreindre les cas dans lesquels la *Novelle IV* aurait dû s'appliquer.

10. — Si maintenant nous passons à notre ancien droit français, nous verrons que le cautionnement sous le nom de *pleigerie* y était fort usité, et que le bénéfice de discussion avait passé de la Constitution de Justinien dans nos diverses coutumes (1).

Peut-être n'y fut-il pas admis tout de suite; mais, lorsque l'étude du droit romain fut remis en honneur, et que l'on chercha à corriger le droit coutumier par celui des *Pandectes*, nul doute que la jurisprudence dut s'inspirer en cette matière des dispositions contenues dans la *Novelle IV* que nous examinions tout à l'heure. J'en trouve la preuve dans un passage des *Établissements* de Saint-Louis, rendus dans le langage actuel par l'abbé de Saint-Martin : « Le créancier, s'il n'est pas rempli de la dette « de son débiteur, peut avoir recours sur celui qui lui sert de « caution. Mais, s'il s'en défend, il ne peut le forcer, mais s'en « plaindre ainsi à la justice : Messieurs, un tel m'a retiré ses « gages, quoiqu'il fût caution ; je demande que vous en fassiez « justice. Car il dépend de la volonté du créancier de recourir à « la caution ou au débiteur principal, suivant l'usage d'Orléans « et de cour de baronnie. Mais il doit cependant s'adresser d'abord « au débiteur avant de recourir à la caution, surtout quand le « débiteur peut payer et qu'il se trouve sur les lieux, suivant le « droit écrit au Code, titre *des Cautions*, en la loi qui commence

(1) Ce bénéfice était reçu non-seulement en France, mais même en Europe, sauf quelques rares exceptions, comme par exemple dans la coutume du Luxembourg, dans laquelle le créancier avait le droit de poursuivre la caution sans être tenu de discuter le débiteur principal. C'est du moins ce que porte un décret qui l'a ainsi jugé. C'est un décret du conseil d'État du 8 mai 1813 Aff. Domaine contre Vanderbanck. (Voir M. Dalloz, n° 172.)

— 8 —

« *Non reclé* et en l'authentique *Présente*, où il est traité de
« cette matière. » On le voit, tout d'abord il nous est parlé du
droit qu'a le créancier de se plaindre à la justice de ce que la
caution poursuivie ne veut pas payer. C'est donc que la caution
ne peut pas invoquer le bénéfice de discussion en principe. Mais,
ajoute-t-on aussitôt, le créancier doit cependant s'adresser d'a-
bord au débiteur, surtout dans certains cas favorables, car il en
était ainsi dans telle et telle Constitution romaine ; et c'est sans
doute ce que la justice ordonnait quand, sur le refus de la caution d'acquitter la dette, le débiteur se trouvait sur les lieux et
dans des conditions certaines de solvabilité.

11. — Ce ne fut pas seulement le bénéfice de discussion que
notre ancienne jurisprudence prit au droit de Justinien; ce fut
aussi la faculté d'y renoncer (1). Mais bientôt ces renonciations
furent très-fréquentes et devinrent même de style; à tel point
que, dans certaines coutumes, le bénéfice de discussion n'était
presque jamais invoqué. En Bourgogne notamment, il était complétement tombé en désuétude, ce qui fit que lors de la réforma-
tion de la coutume, on crut devoir le supprimer (2). Cependant,
quelque réduit qu'il fut dans son application, on le conserva généralement en principe, et plus tard il fut plus fréquemment invoqué,
car on finit par établir que la renonciation ne devait pas résulter
d'expressions vagues; qu'il fallait que la volonté des parties fût
suffisamment claire, et que l'on ne pouvait pas priver une caution du bénéfice de discussion, uniquement parce que le notaire
aurait terminé l'acte en ajoutant ces mots tirés du Formulaire :
Promettant, obligeant, renonçant, sans qu'il fût dit à quoi il était
renoncé. *Ea quæ sunt styli non operantur.* Pothier (n° 409)
nous en fait la remarque. Il allait même plus loin, car il voulait

(1) Pothier, n° 410.
(2) C'est ce que nous dit Chasseneux, *in consuel. Burg.* : *Mihi videtur
quod Domini deputati et commissi ad has nostras consuetudines faciendas,
potius habuerunt considerationem quæ solent communiter fieri, quàm ad
juris dispositionem scriptam; quia ut communiter solet fieri, in omnibus
contractibus solent apponi renunciationes, et maximé beneficii divisionis et
excussionis.*

que la décision fût semblable, bien que le notaire eût spécifié dans la grosse que la caution renonçait aux bénéfices introduits en sa faveur, si cette clause n'avait été mentionnée dans la minute que de la manière vague dont nous parlions tout à l'heure (1) ; la raison étant que le notaire ne peut pas, par ce qu'il ajoute dans la grosse, augmenter l'obligation des parties (2).

12. — Au moyen de cette jurisprudence, le bénéfice de discussion, malgré la fréquence des renonciations valables et admises, fut plus souvent exercé ; mais dans les cas où on reçut la caution à le faire valoir, il devint d'usage de la soumettre à certaines conditions assez onéreuses. L'exception d'ordre, disait-on, est une faveur accordée à la caution ; mais il ne faut pas que cette faveur porte un trop grand préjudice aux intérêts du créancier ; sans cela le but qu'il s'est proposé ne serait pas atteint. Pourquoi le créancier a-t-il exigé de la personne avec laquelle il traitait que celle-ci lui donnât un fidéjusseur ? D'abord pour s'assurer contre les chances d'insolvabilité de son débiteur, mais sans doute aussi pour se procurer un payement plus facile. Or, si vous renvoyez un créancier à poursuivre l'exécution d'une obligation contractée envers lui sur des biens ou situés à une grande distance, ou litigieux, vous allez l'exposer aux inconvénients qu'il avait eu en vue d'éviter en exigeant l'intervention d'une caution. Il s'établit donc en coutume que le créancier ne pouvait pas être astreint à une discussion trop longue ou trop difficile, et que, par conséquent, la caution ne devait lui indiquer que des biens suffisamment rapprochés et libres de toute entrave et de tout procès ; on finit même par exiger de celle-ci qu'elle fît l'avance des frais de poursuite immobilière, frais qui, en général, sont assez considérables, et qu'il était juste, selon Pothier, de mettre à la charge du fidéjusseur, puisque, disait-il, la discussion se fait à ses risques et périls (3).

---

(1) Dumoulin (*Tract. usur. quæst.* 7, *in fine*) dit l'avoir fait juger ainsi par arrêt. (Voir Pothier, nº 409.)
(2) Même disposition dans l'art. 1531.
(3) Pothier, nº 411.

13. — Le bénéfice de discussion ne fut pas admis en matière commerciale, et le droit canonique persista à le repousser.

14. — Mais le Code Napoléon ne crut pas devoir l'écarter ; on considéra qu'après tout ce bénéfice était conforme à l'équité ; que, dans les cas où le créancier n'avait pas trop à en souffrir, il avait pour excellent résultat de prévenir les recours de la caution contre le débiteur et d'éviter ainsi des procès ; qu'enfin c'était un procédé humain (1) ; et que ne pas l'admettre serait une rigueur bien grande à l'égard de personnes qui souvent ne s'obligent que par un sentiment de bienfaisance et de générosité (2).

Du reste, on a eu le soin de le restreindre dans de justes limites, afin de prévenir les abus et de sauvegarder autant que possible les intérêts de chacun.

§ II. — *Des cautions qui peuvent l'invoquer.*

15. — En principe, toutes les cautions sont admises à invoquer le bénéfice de discussion ; cependant il est à cette règle des exceptions assez nombreuses (3).

16. — Dans l'ancien Droit, les cautions pour les fermes du Roi n'étaient pas reçues à opposer ce bénéfice. Pothier nous dit (n° 409) que, contrairement à une ordonnance de Louis XII de l'an 1513, qui le leur avait accordé, la jurisprudence en était introduite dès le temps de M. Le Bret, qui en rapportait cette

---

(1) *Non aliter, salvo pudore, ad sponsorem venit creditor, quàm si recipere à debitore non possit*, disait Quintillien, *Declam.* 273.

(2) Voir l'exposé des motifs de la loi relative au cautionnement, par le conseiller d'État Treilhard, et le rapport fait au Tribunat par le tribun Chabot (de l'Allier) dans la séance du 21 pluviôse an XII.

(3) A Rome, l'obligation des *sponsores* et des *fidepromissores* ne passait pas à leurs héritiers qui, n'étant tenus de remplir aucun engagement, n'avaient, par conséquent, aucun bénéfice à invoquer. Plus tard, cette disposition ne fut pas appliquée aux fidéjusseurs ; la garantie qu'ils donnaient ne s'éteignait pas avec eux : « *Etiam hæredem obligatum relinquebant.* » Il en est de même dans notre Droit français.

raison que ces cautions étaient présumées être secrètement les associés du fermier débiteur principal.

Il était encore d'autres cas dans lesquels le fidéjusseur était privé de l'exception d'ordre; mais comme nous les retrouvons dans notre législation actuelle, il est inutile de les mentionner à part.

17. — Aujourd'hui ne peuvent invoquer le bénéfice de discussion :

1° La caution judiciaire; il en était déjà ainsi dans l'ancien droit. Cette rigueur envers la caution judiciaire s'explique par des motifs d'ordre public et d'utilité générale. Il faut que les décisions des magistrats soient respectées; et pour cela il est nécessaire qu'elles s'appuient sur des moyens coërcitifs plus énergiques et plus rigoureux.

18. — 2° La caution qui a hérité du débiteur principal, si elle a accepté la succession du *de cujus* purement et simplement; car, dans ce cas, elle représente le *de cujus*, son auteur, devient par là débiteur principal et doit être poursuivie et tenue comme tel.

19. — 3° La caution d'un débiteur qui est d'une insolvabilité notoire. Cela résulte de la disposition de l'article 2023. Du moment que le législateur exige du fidéjusseur qu'il indique les biens à discuter, il est clair que celui-ci ne pourra pas en indiquer, et partant jouir du bénéfice, s'il est notoire que le débiteur n'en a pas. Nous verrons du reste plus loin que si le débiteur, insolvable lors des poursuites exercées par le créancier contre la caution, venait à acquérir des biens par la suite, mais avant que la caution n'ait payé, celle-ci pourrait renvoyer le créancier à la discussion de ces biens nouvellement acquis [n° 42].

20. — 4° La caution d'un débiteur qui s'est prévalu d'une exception personnelle tirée par exemple de la minorité pour faire annuler son obligation. Nous savons que, dans ce cas, en vertu de l'article 2012, malgré la nullité de l'obligation principale, le cautionnement reste toujours valable. Mais tant que le débiteur incapable n'a pas manifesté l'intention de faire prononcer la

nullité de son engagement, la caution peut opposer au créancier le bénéfice de discussion.

21. — 5° La caution d'un vendeur qui agit contre l'acquéreur en revendication de la chose vendue. En effet, si dans cette hypothèse l'acquéreur repousse la caution demanderesse en lui opposant la règle : *Quem de evictione tenet actio, eumdem agentem repellit exceptio*, il est bien évident que la caution ne pourra pas lui dire à son tour : Je demande le bénéfice de discussion ; discutez les biens du vendeur. Ce renvoi serait absurde ; le vendeur n'est pas ici en cause : c'est la caution qui, en inquiétant *sine jure* celui qu'elle serait au contraire tenue de défendre dans le cas où l'attaque viendrait d'un tiers, se trouve être la seule partie adverse de l'acheteur et qui seule peut mettre fin à ce débat en cessant les poursuites commencées (1).

22. — 6° Le commerçant qui s'est engagé comme caution en matière commerciale. C'est qu'en effet, les lenteurs qu'entraîne la discussion s'accordent mal avec la promptitude exigée dans les affaires, avec le besoin pressant qu'ont toujours les commerçants de leurs capitaux et la circulation rapide des valeurs et des marchandises. Et puis, nous ne retrouvons plus ici le motif qui a poussé le législateur à traiter avec douceur la caution, et à introduire en sa faveur certains bénéfices ; car, si d'ordinaire le cautionnement est un acte de bienveillance et de générosité, il est bien rare qu'il en soit ainsi en matière commerciale où il n'est presque jamais gratuit. C'est pour cela que l'article 142 du Code de commerce nous dit que le donneur d'aval est tenu solidairement et par les mêmes voies que les tireur et endosseurs, et que, par conséquent, il ne peut jouir ni du bénéfice de discussion ni de celui de division.

Cette sixième exception que je signale est généralement admise ; elle existait déjà dans l'ancien droit et rien ne prouve que les rédacteurs du Code aient eu l'intention d'innover à cet égard.

(1) Même solution dans Cujas sur la loi 11, *de Evictione*; dans Pothier, vente n° 109; dans M. Troplong, vente tome Ier, n° 461, et cautionnement, n° 237.

Cependant je dois dire que certains auteurs ne l'admettent pas : M. Dalloz entre autres (nº 170) ne voit pas pourquoi il serait fait ici une exception aux articles 2021 et 2022. S'il en résulte virtuellement une, dit-il, de l'article 142 du Code de commerce relatif au donneur d'aval, c'est que c'est là un obligé solidaire, ainsi que l'article le dit expressément.

Notons, du reste, que le donneur d'aval pouvant régler l'étendue de son engagement, sera libre de se réserver la faculté d'invoquer les bénéfices accordés à la caution. L'article 142 le lui permet *in fine*, en ajoutant ces mots : sauf les conventions différentes des parties. Ce sera au créancier à voir s'il peut accepter ces conditions sans manquer à la prudence et compromettre ses intérêts.

Ajoutons enfin que l'exception dont nous parlons ne s'appliquerait pas au cas où ce serait un non-commerçant qui aurait cautionné en la forme ordinaire un commerçant; tout le monde est d'accord sur ce point : dans ce cas, le non-commerçant pourrait invoquer les bénéfices de discussion et de division conformément aux articles 2021 et 2026 du Code Napoléon.

23. — 7º La caution qui a renoncé au bénéfice de discussion. Cette renonciation peut être faite lors du cautionnement ou à une époque postérieure, peu importe. Elle est ou expresse ou tacite : expresse, lorsqu'il a été dit ou écrit formellement que le fidéjusseur renonçait à opposer l'exception d'ordre, et que dès lors il est constant que telle a été son intention à cet égard ; tacite, au contraire, quand on est réduit à l'induire de certaines expressions, de certaines circonstances.

24. — Pas de difficulté dans le premier cas ; mais dans le second, lorsque l'intention du fidéjusseur n'apparaît pas clairement, souvent il s'élève du doute pour savoir à quelle décision l'on doit s'arrêter. Ainsi, dans l'ancien droit, on se demandait si la caution devait être censée avoir renoncé, quand par le cautionnement il avait été dit qu'elle s'obligeait comme débiteur principal. Le parlement de Paris jugeait assez ordinairement que ces expressions n'étaient pas suffisantes pour faire croire à l'intention de renoncer au bénéfice ; mais telle n'était pas la jurisprudence de Normandie où l'on considérait que ces termes devaient avoir un

sens, et qu'il n'était pas probable qu'ils aient été employés pour ne rien dire. Ces expressions, en effet, ne sont pas banales ; elles portent en elles-mêmes une signification qui doit donner à réfléchir : car, s'engager comme le débiteur principal, c'est en prendre la qualité et les obligations ; or, tout le monde sait que le débiteur n'a pas de bénéfice de discussion à invoquer. C'est donc à cette dernière opinion qu'il faut s'arrêter ; c'était celle de Pothier, de Basnage, c'est celle aussi de MM. Troplong et Dalloz. Je ne crois pas, du reste, que l'on trouverait aujourd'hui un auteur d'un avis contraire ; ici, l'intention du fidéjusseur me semble évidente ; et, bien que dans l'ancien droit ce point ait été vivement controversé, je ne puis voir dans cette question aucune difficulté réelle.

23. — On se demandait encore si, lorsque la caution renonçait, le certificateur de cette caution devait être censé renoncer aussi. Cette question paraît avoir été fort controversée (1) ; et vraiment je ne vois pas pourquoi. Il est bien clair que le certificateur n'ayant pas promis autre chose que la solvabilité de la caution, le créancier ne peut le forcer à acquitter la dette qu'après s'être assuré qu'en effet la caution n'est pas solvable. Le certificateur doit être vis-à-vis de la caution dans la même position que la caution vis-à-vis du débiteur. Il doit donc jouir des mêmes bénéfices et être soumis aux mêmes obligations que celle-ci.

26. — S'il est des cas où il est nécessaire de rechercher quelle a dû être l'intention des parties, il en est d'autres où cette recherche devient inutile, parce que la loi s'en est expliquée. C'est ainsi que la caution qui s'est engagée solidairement (2021), ou qui est donneur d'aval (142, C. de com.), ou qui n'a pas invoqué l'exception d'ordre sur les premières poursuites dirigées contre elle, et a défendu au fond (2022), doit être présumée avoir renoncé au bénéfice de discussion.

27. — M. Troplong (n° 235) propose de regarder comme ne pouvant invoquer ce bénéfice la caution envers laquelle le créan-

(1) Voir M. Dalloz, n° 177.

cier se trouve débiteur pour d'autres causes, lorsque ce créancier, étant poursuivi par elle, lui dit: il y a compensation. Mais, je l'avoue, je ne puis ajouter cette exception à l'énumération que je viens de faire; car je ne vois pas pourquoi nous priverions ici la caution du bénéfice que la loi lui accorde. M. Troplong se contente de dire que cette opinion qu'il émet est celle de Balde et d'un grand nombre d'autres docteurs cités par Hering, sans donner les motifs sur lesquels il s'appuie. Toutefois, je suppose que ses raisons doivent être celles-ci : que toutes les conditions exigées par la loi pour qu'il y ait compensation se rencontrent dans l'espèce, entre autres que la caution et le créancier se trouvent débiteurs l'un envers l'autre. On ne peut nier, en effet, que la caution ne soit débitrice du créancier; mais l'est-elle purement et simplement comme le débiteur lui-même? C'est ce qu'on ne peut admettre. Elle est débitrice du créancier, mais avec la faculté de le renvoyer à discuter les biens du débiteur principal; et il est impossible de croire que le fait d'avoir le créancier pour débiteur puisse modifier et empirer sa position. Eh quoi! si sur ses poursuites le créancier la paye, événement heureux pour elle, elle pourra plus tard le repousser en lui opposant le bénéfice de discussion; et s'il ne la paye pas, ce qui est d'autant plus fâcheux pour elle qu'elle manifeste par ses poursuites qu'elle a besoin de son argent, elle ne pourra pas opposer ce bénéfice dans le cas où le créancier lui répondrait: il y a compensation! Cette décision est souverainement injuste dans ses résultats et ne peut être adoptée, surtout si l'on réfléchit que la compensation est basée sur un motif d'équité et de justice.

§ III. *De l'époque à laquelle il faut l'opposer.*

28. — Le créancier a une action directe et principale contre la caution; il peut donc, dès que la dette est exigible à l'égard de la caution et du débiteur, poursuivre à son choix ou celui-ci ou celle-là. On a toujours reconnu ce droit au créancier; nous en trouvons la preuve dans nos anciens auteurs, dans les divers dis-

cours prononcés soit dans le sein du Tribunal, soit devant le
Corps législatif, enfin dans l'article 2022 : car, de ce que la caution, qui n'a pas sur les premières poursuites opposé l'exception
de discussion, n'est plus recevable à le faire plus tard, nous devons conclure que, dans l'origine, l'action du créancier était valablement intentée. En droit romain, ce droit du créancier nous
apparaît d'une manière bien plus évidente encore, si nous réflé-
chissons au mécanisme employé pour former des obligations *ver-
bis*, et aux conséquences que cela entraînait. Comment, en effet,
et en quels termes intervenait le fidéjusseur ? Nous le savons : le
créancier, après avoir interpellé en ces termes : *decem aureos
dare spondes ?* le débiteur qui répondait aussitôt : *spondeo*, s'a-
dressait au fidéjusseur et lui disait : *idem fidejubes ?* à quoi celui-ci répondait à son tour : *fidejubeo*. Or, s'il avait promis sur sa
foi la même chose, le créancier se trouvait donc avoir deux débiteurs, pouvant actionner l'un ou l'autre à son choix, ou le débiteur principal ou, s'il l'aimait mieux, la caution, directement et
sans s'être adressé au principal obligé. Car tout ici était de droit
strict et devait être entendu et exécuté rigoureusement. Aujour-
d'hui, bien que nous n'ayons plus de formules, il en est encore de
même, et nul doute, selon nous, que le créancier intentera une
action valable lorsque, *omisso reo*, il poursuivra la caution.

20. — Cependant MM. Delvincourt (T. 3) et Duranton (n° 331)
sont d'une opinion contraire. M. Duranton reconnaît bien qu'en
vertu de l'article 2022 le créancier n'est pas obligé de droit de
discuter préalablement le débiteur dans ses biens ; qu'il ne peut
être forcé non plus à former contre lui une demande judiciaire,
puisque dans le Code rien ne présuppose cette demande ; mais il
veut que le défaut de payement par le débiteur soit, au moyen de
la mise en demeure de celui-ci, justifié à la caution qui sans cela
pourrait repousser le créancier et le faire déclarer non recevable
quant à présent.

D'abord je ferai remarquer qu'il n'est rien non plus dans le
Code qui présuppose cette mise en demeure. Mais pourquoi
M. Duranton la croit-il nécessaire ? C'est qu'en lisant les articles
2011 et 2021 il trouve que la caution n'est obligée qu'à défaut du

débiteur de remplir son engagement, n'ayant promis de payer qu'autant que le débiteur ne payerait pas lui-même : *si debitor non solverit*. Or, dit-il, c'est là une condition de l'accomplissement de laquelle le créancier doit justifier. — Mais je crois qu'il ne faut pas prendre à la lettre les articles 2011 et 2021; ils ont été rédigés sous l'influence de ce sentiment de justice qui a fait admettre en faveur de la caution le bénéfice de discussion, puisqu'après tout c'est le débiteur qui doit seul supporter la dette. Qu'arriverait-il, en effet, si nous prenions à la lettre l'article 2021 ? Il nous faudrait dire que le créancier doit d'abord discuter le débiteur avant d'actionner la caution; or, c'est une nécessité que repousse positivement l'article 2022 où nous voyons que le créancier n'est obligé de discuter le débiteur principal que quand la caution le requiert, et cela sur les premières poursuites. Donc, 1° que la caution invoque le bénéfice; 2° qu'elle l'invoque sur les premières poursuites, telles sont les deux conditions qui, jointes à celles de l'article 2023 peuvent faire que le créancier soit contraint de discontinuer ses poursuites contre la caution pour recourir contre le débiteur; mais nous ne voyons nulle part que la caution puisse forcer le créancier à lui apporter les pièces justificatives constatant que le débiteur a été mis en demeure : l'exiger, ce serait, comme le dit fort bien M. Dalloz, imposer arbitrairement au créancier une procédure inutile.

30. — M. Duranton donne à l'engagement de la caution un caractère conditionnel : et c'est là qu'est l'erreur dont l'opinion qu'il émet est la conséquence; l'engagement de la caution n'est pas conditionnel. Mais, dira-t-on, l'article 2011 le suppose et l'établit : en aucune façon; l'article 2011 ne dit pas autre chose que ceci, ce qui est très-vrai, que la caution se soumet envers le créancier à satisfaire à l'obligation contractée par le débiteur, si celui-ci n'y satisfait pas lui-même; mais il laisse intacte la question de savoir si le créancier peut oui ou non agir directement et principalement contre la caution. Sans doute le créancier, qui après avoir agi contre le débiteur n'en aura rien pu retirer, pourra s'adresser à la caution; et celle-ci devra alors satisfaire à l'obligation puisque le débiteur n'y satisfait pas lui-même, ce qui

sera l'application de l'article 2011 ; mais si le créancier veut directement poursuivre la caution, il le pourra fort bien sans mettre le débiteur en demeure ; car implicitement, d'après l'article 2022, l'action intentée contre la caution l'a été valablement si celle-ci n'invoque pas le bénéfice de discussion sur les premières poursuites et défend au fond.

31. — Le créancier ne peut donc être contraint de mettre le débiteur en demeure et de prouver à la caution qu'il l'a fait. Mais la caution actionnée n'a-t-elle pas un moyen bien simple de savoir si le débiteur veut ou non payer? Sans doute; c'est de l'y mettre elle-même en demeure, en invoquant l'exception de garantie que lui accorde l'art. 2032 4° ; c'est même la précaution qu'elle fera bien de toujours prendre avant d'acquitter l'obligation ; car, sans cela, elle pourrait se voir, lors de son recours, repoussée par le débiteur, qui lui dirait : pourquoi avez-vous payé? La dette était éteinte : si vous m'aviez prévenu des poursuites exercées contre vous, je vous en eusse instruit.

32. — Voici donc, en résumé, comment les choses se passeront : si, après l'échéance du terme, le créancier poursuit la caution, sa demande sera valablement intentée, bien qu'il n'ait pas mis en demeure le principal obligé, ce à quoi la caution ne pourra pas le contraindre ; mais, de deux choses l'une : ou la caution aura le droit d'invoquer le bénéfice de discussion, ou elle ne l'aura pas, parce que, par exemple, elle se sera engagée solidairement avec le débiteur. Dans le premier cas, elle pourra, si elle se trouve remplir toutes les conditions voulues, opposer l'exception d'ordre; dans le second, elle fera bien, avant de payer, de mettre en demeure le débiteur principal, au moyen de l'exception de garantie, en vertu de l'article 2032 4°. Cette exception de garantie présentera particulièrement de l'avantage quand la caution ne pourra user du bénéfice de discussion; mais ce n'est pas à dire que, si elle peut jouir de ce bénéfice, elle n'aura pas le droit d'invoquer l'exception de garantie.

33. — Pour soutenir l'opinion qu'il a adoptée, M. Duranton s'appuie aussi sur la loi 16, § 6, *De fidejussoribus*. Dans cette loi, Julien suppose qu'une caution a été donnée en ces termes : si le

débiteur ne paie pas la somme qui lui est prêtée, promettez-vous de la payer? (*Si reus, quadraginta quæ ei credidi, non solverit, fide tuâ esse jubes?*) et il décide qu'il est à présumer que les parties ont entendu que le fidéjusseur serait seulement tenu, si le débiteur, interpellé de payer, ne payait pas (*Verisimile est id actum, ut cùm appellatus reus non solvisset, fidejussor teneretur*). Mais, sans doute, cela est à présumer ; cela ressort d'une manière claire de la formule employée, et, dans ce cas, la caution, actionnée par le créancier, pourra très-bien lui dire : je n'ai promis de payer qu'autant que le débiteur ne payerait pas; poursuivez-le : s'il ne satisfait pas à l'obligation, j'y satisferai moi-même ; s'il n'acquitte que portion de la dette, je parferai le reste. Pourquoi en sera-t-il ainsi dans l'espèce? Parce que telle a été l'intention des parties, et qu'il faut respecter les conventions qu'elles ont faites. Mais, de ce que la caution aura apposé une condition dans l'engagement qu'elle a formé, ce ne peut être une raison pour dire que le cautionnement a un caractère conditionnel. D'ailleurs, la loi que cite M. Duranton renferme précisément une de ces formules par lesquelles on avait, avant Justinien, cherché à jouir du bénéfice de discussion introduit par une loi qui, plus tard, était tombée en désuétude.

34. — L'opinion contraire à celle de M. Duranton est soutenue par MM. Troplong (n° 232), Ponsot (n° 33), Zacchariæ (t. III, p. 156) et Dalloz (n° 179); voir aussi un arrêt de cassation du 12 janvier 1808 et un arrêt de cour royale de Bordeaux du 18 août 1841.

35. — Disons-le donc, l'action intentée par le créancier contre la caution est valable, et la caution ne pourrait pas repousser le créancier sous prétexte qu'il n'a pas mis le débiteur en demeure. Mais nous avons vu, comment, par suite d'un sentiment d'humanité et de justice, on avait été amené à accorder à la caution un bénéfice auquel on a donné le nom de bénéfice de discussion.

36. — De ce que ce bénéfice est une faculté accordée à la caution, une faveur qu'elle peut invoquer ou négliger à son gré, il résulte que, lorsqu'elle garde le silence, le juge ne peut pas faire valoir l'exception d'office.

37. — Toute caution peut y renoncer, avons-nous dit ; et c'est

ce qu'elle est censée faire quand elle ne l'oppose pas dans le principe, toute exception étant couverte par une défense au fond (2033).

C'est donc sur les premières poursuites faites par le créancier que la caution doit invoquer le bénéfice de discussion.

Dans l'ancien droit, on n'était pas très-d'accord sur ce point : il était des auteurs qui voulaient que l'exception d'ordre pût être opposée en tout état de cause, même en appel; mais d'autres demandaient que cette exception fût regardée comme dilatoire, et que, comme telle, elle fût proposée *in limine litis.* Les rédacteurs du Code ont tranché toute difficulté à cet égard, en prenant parti pour la dernière opinion, qui certes est la plus raisonnable.

Voyez, en effet, à quels résultats aurait pu nous conduire l'admission de l'opinion contraire : voici un créancier qui poursuit la caution; il subit les retards que nécessite la défense de celle-ci en première instance, peut-être aussi en appel, et puis au moment où il est sur le point d'arriver à son but et d'obtenir un jugement favorable et définitif, il serait possible qu'il fût renvoyé à discuter les biens du débiteur! Ainsi, au gré et suivant le caprice de la caution, il lui faudrait subir de nouveaux retards, éprouver de nouveaux ennuis! Cela serait-il équitable? Non, assurément; car, quelque digne de faveur que soit la caution, encore faut-il restreindre ses prérogatives dans de justes limites et ne lui en accorder que dans les cas où elles ne sont pas trop préjudiciables aux droits du créancier. Et puis remarquons que tous ces frais faits sur une double instance retomberaient, en définitive, sur le débiteur, résultat déplorable que le législateur a compris et a bien fait d'éviter. Les derniers mots de l'article 2022 ne se trouvaient pas dans le projet; ce fut sur la demande du Tribunat qu'ils y furent ajoutés.

38. — Mais que faut-il entendre par ces expressions : *sur les premières poursuites?* Est-ce à dire que, si la caution donne au créancier qui a fait contre elle un premier acte de poursuite le temps d'en faire un second, elle sera déchue du droit d'invoquer le bénéfice de discussion? Non, ce n'est pas ainsi que ces termes doivent être entendus : cette interprétation serait trop rigoureuse.

Pourquoi le législateur a-t-il voulu que ce fût sur les premières poursuites que la caution se prévalût de l'exception introduite en sa faveur? Il l'a voulu pour éviter les résultats fâcheux dont nous parlions tout à l'heure, et aussi parce qu'il a présumé que celui-là renonçait à jouir du bénéfice qui ne l'invoquait pas tout d'abord et combattait la prétention du demandeur, aimant mieux ainsi se défendre par d'autres moyens. Mais, pour que nous admettions qu'il y a eu renonciation, il faut que la conduite du fidéjusseur soit telle que nous y découvrions, en effet, l'intention de renoncer (1). C'est donc cette intention que, suivant les circonstances, il faudra apprécier, et par là nous arriverons facilement à résoudre les difficultés qui se sont élevées sur ce point et à adopter une opinion conforme à l'esprit de la loi et aux règles qu'elle a tracées.

39. — Et d'abord, il est bien évident que si la caution, lors du premier acte, et même des actes postérieurs, est absente ou empêchée, elle n'a pu s'opposer à des poursuites qu'elle ne connaissait peut-être pas, et ne peut être, par conséquent, regardée comme ayant eu l'intention de renoncer. Allons plus loin, et supposons que le créancier a été jusqu'à vendre des biens de la caution; ces actes de poursuite et d'exécution auront été, il est vrai, valablement faits, et la caution, qui cessera d'être absente ou empêchée, sera tenue de les respecter; mais, si le produit de ces aliénations forcées n'a pas suffi pour désintéresser le créancier, nul doute, selon moi, que la caution puisse, pour le surplus, le renvoyer à discuter le débiteur; et cependant, dans cette hypothèse, nous serons bien loin des premières poursuites.

40. — C'est encore en recherchant l'intention du fidéjusseur que nous pourrons sainement nous former une opinion dans cette question controversée qui consiste à savoir si la caution qui commence par nier, soit l'existence de l'obligation principale, soit le fait ou la validité de son accession à cette obligation, doit être

(1) M. Pigeau dit avec raison : « Il faut décider que la caution peut user du bénéfice sur les poursuites, tant qu'elle n'a pas tenu une conduite de laquelle on puisse inférer renonciation de sa part à l'exception de discussion. »

qui ou non regardée comme étant déchue du droit d'invoquer plus tard le bénéfice de discussion. Or, qui ne voit que dans ces circonstances, il est impossible de présumer que la caution a eu l'intention de renoncer? On l'actionne, et elle répond ; il n'y a pas de dette principale, donc pas de cautionnement ; ou bien : je n'ai pas cautionné ; ou encore : mon cautionnement n'est pas valable. Elle soutient donc dans tous ces cas qu'elle n'est pas caution ; or, si elle prétend qu'on ne peut la regarder comme fidéjusseur, il est clair qu'elle ne doit pas invoquer un bénéfice dont ne jouissent que les fidéjusseurs. Comme ce n'est qu'en qualité de caution qu'elle pourrait opposer l'exception de discussion, invoquer cette exception serait reconnaître qu'il y a cautionnement, et c'est précisément ce fait qu'elle nie (1). Sans doute, la caution qui combattra ainsi la prétention du créancier fera bien, pour lever toute difficulté postérieure, de se réserver subsidiairement le droit de renvoyer celui-ci discuter les biens du débiteur, dans le cas où le tribunal viendrait à reconnaître l'existence ou la validité du cautionnement ; mais je crois que, si elle a négligé cette précaution, elle pourra fort bien, sur les poursuites exercées par le créancier pour mettre à exécution le jugement qu'il a obtenu, opposer le bénéfice de discussion (2).

---

(1) Et cela est si vrai, qu'invoquer le bénéfice de discussion c'est se reconnaître caution valable, que M. Delvincourt se décide avec beaucoup de raison pour la négative sur la question de savoir si le cautionnement, étant sujet à rescision, la caution qui a requis le bénéfice de discussion, depuis l'époque où elle est devenue capable de s'obliger, peut encore demander la rescision. (Delvine, page 113, n° 1.)

(2) C'est aussi l'opinion de MM. Duranton (n° 535), Troplong (n° 231) et Dalloz (n° 187). Voir aussi, sur cette question, les leçons de M. Boitard sur la procédure civile, n°s 505 et suivants. Ce savant professeur établit de la manière la plus claire et la plus précise qu'il en doit être ainsi. Il démontre en outre avec beaucoup de justesse que l'exception de discussion ne peut être regardée comme une exception dilatoire, et que, par conséquent, la caution ne sera pas privée du droit de l'invoquer plus tard, si elle ne l'a pas proposée, comme le veut l'article 186 du Code de procédure, conjointement avec les autres exceptions dilatoires.

Ainsi, si nous supposons une réunion de circonstances telle qu'il y ait lieu, pour la caution tout à la fois d'invoquer l'exception dilatoire de l'article 174 du Code de procédure et le bénéfice de discussion, et de prétendre aussi que le cautionnement n'est pas valable, et que, d'ailleurs, le créancier agit avant l'expi-

41. — Nous déciderions de même dans l'hypothèse où la caution a opposé au créancier un défaut de qualité, ou bien la nullité de l'assignation.

42. — Enfin, nous dirons, avec Pothier, que, si lors des poursuites exercées contre la caution, le débiteur se trouvait insolvable, mais que plus tard il eût acquis des biens, le créancier pourrait être contraint de discontinuer ses poursuites et d'actionner le débiteur. C'est toujours comme conséquence de cette idée que l'intention du fidéjusseur n'a pu être de renoncer au bénéfice de discussion.

43. — Mais si la caution laisse prononcer la validité d'une saisie faite sur elle ; si, sur une saisie de bien-fonds, elle a laissé faire la notification ; si, à la suite d'une saisie-brandon ou d'une saisie-exécution, elle a laissé procéder à la vente ; si elle soutient

---

ration du terme, voici, selon nous, l'ordre dans lequel celui qui est actionné devra faire valoir ces exceptions et ces défenses.

Poursuivi par le créancier, l'héritier qui sera dans les délais voulus pour faire inventaire et délibérer, arrêtera momentanément les poursuites dirigées contre lui en invoquant les articles 797 du Code Napoléon et 174 du Code de procédure.

Cette exception, véritablement dilatoire, il aura pu la proposer séparément en vertu de l'article 187 du Code de procédure.

Les délais expirés, si cet héritier, qui a accepté la succession, croit s'apercevoir que l'engagement pris par son auteur comme caution n'est pas valable, il cherchera a établir la non-validité du cautionnement. Peut-être, sur la production des pièces, sera-t-il obligé de reconnaître que sa prétention n'était pas fondée, et c'est alors, qu'étant reconnu et déclaré caution, il pourra, en cette qualité, invoquer le bénéfice de discussion.

Mais si, au lieu d'opposer cette exception, il soutient que le créancier réclame une dette qui n'est pas encore exigible, et que, dans ce nouveau débat, il succombe, assurément il sera déchu du droit de se prévaloir du bénéfice, parce qu'il sera censé y avoir renoncé après avoir contesté au fond, *et en qualité de caution*, la prétention du demandeur.

Telle est, nous le croyons, la conduite que devrait tenir en pareille circonstance la personne actionnée. Au contraire, dans le système des auteurs qui regardent comme exceptions dilatoires toutes cel'es qui tendent à procurer un délai, il faudrait dire que, dans l'hypothèse ci-dessus, l'héritier qui aurait, suivant l'article 187 du Code de procédure, proposé l'exception dilatoire résultant de l'article 174, tout d'abord et séparément, devrait, avant de soutenir que le cautionnement n'existe pas, proposer conjointement et l'exception de discussion et celle par laquelle il prétendrait que le créancier réclame une dette avant le terme fixé. Or, nous le demandons, est-ce là une marche naturelle, conforme à la raison et au bon sens ?

que le créancier demande plus qu'il ne lui est dû, dans tous ces cas, la caution sera non recevable à opposer cette exception de discussion.

44. — On le voit donc, ces expressions : *sur les premières poursuites*, ne sont pas exactes, et ne rendent pas la pensée du législateur, qui, je le crois, eût été mieux reproduite en ces termes : avant toute contestation au fond, d'où l'on pourrait induire l'intention évidente de renoncer.

§ IV. — *Des conditions auxquelles il est permis d'en jouir.*

45. — En droit romain, nous ne voyons pas que Justinien ait soumis à certaines conditions l'exercice du droit d'invoquer le bénéfice de discussion; nous n'en trouvons qu'une dans la Novelle IV, et elle a trait à l'absence du débiteur. Cette hypothèse, nous l'avons déjà examinée plus haut, et nous avons dit que, grâce aux changements opérés dans la procédure, elle ne pouvait plus chez nous présenter d'intérêt.

46. — Quelles sont aujourd'hui les conditions que doit remplir la caution qui veut jouir de l'exception d'ordre ? L'article 2023 nous les énumère; elles existaient déjà dans l'ancien droit.

Il faut, 1° que la caution indique au créancier les biens du débiteur principal;

2° Qu'elle avance les deniers suffisants pour faire la discussion;

3° Qu'elle n'indique que des biens situés dans l'arrondissement de la cour d'appel du lieu où le payement doit être fait.

4° Que les biens indiqués ne soient pas litigieux;

5° Qu'ils soient en la possession du débiteur, lors même qu'ils seraient hypothéqués au payement de la dette cautionnée.

47. — La caution, par son intervention généreuse, facilite et multiplie les obligations conventionnelles; elle donne au créancier la confiance et la sécurité et procure au débiteur le crédit qui lui est nécessaire. Elle est donc appelée à rendre à la société de très-grands services, et, à ce titre, elle mérite toute l'indulgence, toute la sollicitude du législateur. Toutefois, nous l'avons dit

déjà, il faut que cette faveur qu'on lui accorde soit restreinte, pour les intérêts du créancier, dans de justes limites; lui accorder des prérogatives trop étendues, serait ne laisser au créancier qu'une garantie illusoire sur laquelle il ne pourrait plus compter, et les avantages que présente le contrat de cautionnement s'évanouiraient bientôt en raison de leur stérilité.

48. — Dans la crainte d'arriver à un pareil résultat, les rédacteurs du Code ont soumis l'exercice du bénéfice de discussion aux cinq conditions que nous avons reproduites ci-dessus; mais n'ont-ils pas été trop loin, et les conditions qu'ils ont posées ne sont-elles pas, après tout, un peu trop rigoureuses? Je crois qu'on peut le soutenir; et, sans attaquer la disposition de la loi par laquelle il n'est pas permis à la caution d'indiquer les biens hypothéqués à la dette, s'ils ne sont plus en la possession du débiteur, comme le fit le tribun Goupil Préfeln, dans la séance du 21 pluviôse an XII, je dirai cependant, avec lui, qu'il me semble qu'on a trop exigé en mettant à la charge de la caution les frais de poursuite nécessaires pour entreprendre et conduire à fin la discussion des biens du débiteur.

Ici, ce n'est pas une question controversée, le texte de l'article 2023 est formel: il s'agit seulement de savoir, et c'est une question de législation, si l'on n'a pas dépassé la limite à laquelle on devait s'arrêter pour concilier tout à la fois et les intérêts du créancier et la faveur due à la caution; et si, en accordant un bénéfice à celle-ci, on n'en a pas soumis l'exercice à des exigences telles qu'il ne pourra être que très-rarement invoqué. Or, de toutes les conditions restrictives du droit de la caution, la plus dure, selon moi, et la moins nécessaire, est la nécessité à laquelle elle est astreinte d'avancer les deniers suffisants pour faire la discussion. D'abord, c'est une exception au droit commun; en effet, disait le tribun Goupil Préfeln: « Le cocréancier n'est point assujetti à faire les avances de sa portion des frais que fait son cocréancier pour obtenir des condamnations contre leur débiteur commun. — Le codébiteur poursuivi n'a point d'action contre ses codébiteurs pour les contraindre à lui avancer les frais qu'il fait pour justifier leur libération commune. — Un

« défendeur qui a un garant ne peut exiger de celui qui lui doit
« garantie les avances des frais qu'exige sa défense. » Or, une
exception aussi exorbitante ne devait être admise, surtout lorsqu'elle allait frapper les fidéjusseurs, que sur une nécessité
évidente et reconnue; et cette nécessité, je ne vois pas qu'elle
existe.

Pourquoi voulez-vous que la caution qui indique les biens à
discuter d'un débiteur solvable avance les deniers nécessaires à
la discussion? Est-ce que, si la caution n'avait rien dit, et s'était
laissé poursuivre, le créancier n'aurait pas dû prendre chez lui
les fonds nécessaires à la poursuite commencée contre elle? Assurément. Quel préjudice éprouvera-t-il donc, si la caution, usant
du droit qu'elle a d'invoquer le bénéfice, le renvoie à porter
contre le débiteur l'action à laquelle elle ne veut pas répondre?
Les frais qu'il aurait faits sur la caution, il les fera contre le débiteur; les deniers qu'il aurait été obligé de débourser pour poursuivre l'une, il les déboursera pour discuter l'autre. Contraindre
la caution à faire l'avance de deniers, c'est mettre à sa charge une
obligation fort onéreuse qui, très-souvent, l'empêchera de jouir
du bénéfice de discussion. On n'eût pas exigé cela d'elle, que le
créancier n'en eût souffert aucun préjudice, seul but que devait
chercher à atteindre le législateur; en l'exigeant, au contraire, on
rend sa condition meilleure; car, qui ne voit que, dans cette disposition de la loi, le créancier peut trouver le moyen de se procurer de l'argent pour actionner le débiteur? Qu'il n'ait pas la
somme suffisante pour exercer des poursuites contre celui-ci, il
se dira : adressons-nous à la caution; elle me renverra à discuter
le débiteur qui est très-solvable; et cette somme qui me man-
que, elle me la fournira.

Je crois donc, en me bornant à ces raisons, qui me semblent
suffisantes, et sans invoquer, comme le tribun Goupil, les difficultés qui surgiraient à l'occasion du règlement de la quotité des
deniers à fournir et de la détermination de la personne à laquelle
on les confierait, difficultés que je ne trouve pas bien sérieuses,
qu'il eût mieux valu supprimer cette condition et se rendre, sur
ce point, aux observations du tribun. La pratique a montré, du

resté, combien elles étaient justes. L'on a apporté tant d'entraves à l'exercice du bénéfice de discussion qu'aujourd'hui il est bien rare de le voir invoquer. (*Voir* M. Ponsot, n° 201 *in fine*.)

Quoi qu'il en soit, rien ne fut changé au rapport qu'avait fait au Tribunat le tribun Chabot, de l'Allier. Il répondit au tribun Goupil que l'exception de discussion étant un bénéfice devait être restreint dans de justes limites; qu'il fallait veiller aux droits du créancier; que d'ailleurs déjà dans l'ancien droit, la caution devait faire l'avance des deniers; et cette condition admise par le Corps législatif passa dans l'article 2023.

49. — Mais reprenons chacune de ces conditions énoncées, et examinons-les séparément.

Il faut, 1° que la caution indique au créancier les biens du débiteur principal. Cette indication peut porter sur les meubles comme sur les immeubles, à la différence de l'ancien droit, où, suivant Pothier, dès que la caution avait invoqué le bénéfice d'ordre, le créancier devait discuter les meubles qui se trouvaient au domicile du débiteur, sans qu'on les lui eût indiqués. Ce n'était qu'à la suite de cette discussion, si elle n'avait rien produit, faute de mobilier, auquel cas le créancier devait rapporter un procès-verbal de carence, ou si la somme obtenue au moyen de la vente de ce mobilier n'était pas suffisante pour acquitter la dette, que l'obligation d'indiquer les biens du débiteur incombait à la caution. Aujourd'hui il n'en saurait être de même ; le Code ne distingue pas; il faut que la caution, dès qu'elle demande la discussion, indique les biens à discuter, qu'ils soient meubles ou immeubles. Peu importe du reste que ceux qu'elle indique soient suffisants ou non pour satisfaire entièrement le créancier ; s'il arrivait qu'il ne fût pas complétement désintéressé, il aurait son recours contre la caution et pourrait éviter un payement partiel en faisant ordonner que les sommes provenant de la discussion seront déposées à la caisse des consignations.

50. — Mais remarquons que l'indication que le fidéjusseur fait des biens à discuter ne peut avoir lieu qu'en une fois. Ainsi, il ne pourrait pas dire au créancier : voici un immeuble qui appartient au débiteur, discutez-le ; puis, après cette discussion qui

n'aurait pas donné une somme suffisante : voici un autre immeuble, discutez-le encore. Permettre à la caution de faire ainsi des indications successives eût été lui donner le moyen d'éterniser les procédures. Le Code ne s'est pas expliqué sur ce point, mais rien ne prouve qu'il ait entendu changer cette sage disposition de l'ancien droit.—(*Voir* les arrêtés de Lamoignon, Tit. des discussions, art. 0, et Pothier, qui cite dans le même sens un arrêt du 20 janvier 1701.)

81. — Toutefois, nous permettrions au fidéjusseur de désigner après coup de nouveaux biens, si ces biens, n'appartenant pas alors au débiteur, ne lui étaient arrivés que plus tard; car ici le fidéjusseur n'est pas en faute ; il n'y a pas malice de sa part; on n'a rien à lui reprocher [n° 42].

52. — 2° Que la caution avance les deniers suffisants pour faire la discussion. Dans l'ancien droit, cette obligation n'existait que quand il s'agissait de la discussion de biens immobiliers. Le Code, sans faire de distinction, veut que la caution avance dans tous les cas les deniers suffisants (1).

83. — Elle n'est pas tenue, du reste, de faire spontanément l'offre de ces avances en même temps que l'indication des biens à discuter ; elle devra seulement fournir les deniers si le créancier l'exige. Cela a été ainsi jugé le 21 mars 1827 par la Cour de cassation.

84. — S'il s'élevait des difficultés relativement à la remise ou à la quotité des avances à faire, les tribunaux seraient appelés à statuer sur ces questions. Chabot, en répondant aux observations du tribun Goupil, qui se préoccupait de ces difficultés probables, annonça qu'il y serait pourvu dans le Code judiciaire. Plus tard on oublia cette promesse, si bien qu'il n'est rien dans le Code de procédure qui ait trait à cet objet ; mais, nous l'avons dit, les tribunaux apprécieront.

85. — 3° Qu'elle n'indique que des biens situés dans l'arrondissement de la cour d'appel du lieu où le payement doit être

_____

(1) Voir ce que nous pensons de cette obligation mise à la charge du fidéjusseur [n° 48].

fait. C'est la conséquence de cette idée qu'il ne faut pas que la discussion nuise au créancier, en étant trop longue ou trop difficile. C'est encore dans ce but que l'on exige :

56. — 4° Que les biens indiqués ne soient pas litigieux ; or, on devra les regarder comme tels toutes les fois que le créancier sera exposé à voir ses poursuites arrêtées par la contestation ou la contradiction d'un tiers. Ici la présomption de l'article 1700 n'est pas applicable. On peut donc regarder comme litigieux dans la matière qui nous occupe des biens grevés d'hypothèques nombreuses ou qui sont déjà l'objet d'une saisie entre les mains du débiteur, ceux qui sont affectés d'une condition résolutoire, ainsi que les créances douteuses. Le législateur a été même jusqu'à penser que le droit de suite n'offrait pas au créancier une chance suffisante d'arriver à un payement prompt et facile, et c'est pour cela qu'il a voulu :

57. — 5° Que les biens indiqués fussent en la possession du dé.... ur, lors même qu'ils seraient hypothéqués au payement de la dette cautionnée.

Cette disposition fut vivement combattue par le tribun Goupil de Préfeln dans le sein du Tribunat ; mais, sur les quelques observations de Chabot, on la maintint, et, je le crois, avec raison. Il est bien clair que, par suite de l'aliénation de l'immeuble hypothéqué, la position du créancier n'est plus du tout la même. Tant que le bien reste en la possession du débiteur, le créancier, si on lui oppose le bénéfice de discussion, n'a qu'à poursuivre la vente de l'immeuble ; et, se trouvant colloqué en ordre utile, il obtient facilement le montant de ce qui lui est dû sur le prix d'adjudication ; mais si le débiteur a aliéné l'immeuble, forcer le créancier à agir contre le tiers détenteur, n'est-ce pas l'exposer à subir des retards et à s'engager dans des contestations peut-être très-longues et très-compliquées ? Or, ces inconvénients, le législateur a toujours eu pour but de les lui éviter.

58. — Voilà donc à quelles conditions le fidéjusseur est admis à jouir du bénéfice de discussion. Supposons qu'il les a toutes remplies ; c'est alors au créancier à agir contre le débiteur principal, et à agir en temps utile ; car si, par sa faute ou sa négli-

gence à poursuivre le débiteur, il le laissait arriver à l'insolvabilité, il en demeurerait responsable vis-à-vis de la caution jusqu'à concurrence des biens indiqués. C'est la disposition de l'article 2024, disposition en tous points conforme à la justice et à la raison, puisque le créancier, en recevant de la caution ou en faisant consigner par elle les frais nécessaires pour actionner le débiteur, a, par là même, accepté le mandat de poursuivre et d'arriver au but proposé, le payement de la dette. S'il néglige de remplir le mandat qu'il a ainsi accepté d'une manière tacite, il est juste qu'il supporte les conséquences du retard qu'il a mis à agir. Mais, on le comprend, il faut qu'il y ait négligence de la part du créancier ; et, par conséquent, il n'encourrait aucune responsabilité dans le cas où, sans qu'on n'eût rien à lui reprocher, l'insolvabilité du débiteur éclaterait tout à coup.

59. — Remarquons aussi que, d'après l'article 2024, le créancier n'est responsable que quand il néglige de poursuivre et de faire vendre les biens indiqués par la caution. Or, comme celle-ci ne doit faire cette indication que sur les poursuites du créancier, il suit de là qu'il ne serait pas en faute s'il restait dans l'inaction, bien que la caution l'eût averti plusieurs fois qu'il était temps d'agir contre le débiteur. L'article 2024 établit une déchéance que l'on ne saurait étendre en dehors du cas prévu. D'ailleurs la loi n'a donné nulle part à la caution le droit de forcer le créancier à actionner le débiteur principal ; l'article 2032 lui permet seulement d'agir elle-même contre ce débiteur, si elle prévoit son insolvabilité prochaine.

60. — Le créancier qui prétendrait que la discussion n'a rien produit ou n'a produit qu'une somme insuffisante, devrait rapporter à la caution les pièces à l'appui, telles que procès-verbaux de carence, d'adjudication, etc.

61. — Disons maintenant deux mots d'une hypothèse dans laquelle le doute peut s'élever, puisqu'on la trouve reproduite dans chaque auteur, mais dont la solution ne présente pas de grandes difficultés. Il s'agit de savoir si, quand plusieurs débiteurs principaux ont contracté une obligation solidaire, et que l'un d'eux a donné un tiers pour caution, cette caution peut

obliger le créancier à discuter tous les autres débiteurs principaux. Évidemment elle le peut, car le vœu du législateur en
cette matière est que la dette soit acquittée, autant que possible,
par ceux dans l'intérêt desquels l'obligation a été contractée ; en
un mot par les débiteurs principaux plutôt que par les fidéjusseurs. Et puis, comme le fait très-bien remarquer Pothier, ne
peut-on pas dire que celui qui s'est rendu caution pour l'un
d'entre plusieurs débiteurs solidaires, est aussi en quelque façon
caution des autres ; car l'obligation de tous ces débiteurs n'étant
qu'une même obligation, en accédant à l'obligation de celui pour
qui il s'est rendu caution, il a accédé à celle de tous.

CHAPITRE DEUXIÈME.

—

DU BÉNÉFICE DE DIVISION.

62. — En considérant les rapports qui peuvent exister entre
un créancier et ceux qui s'adjoignent au débiteur en qualité de
cautions, nous nous sommes attachés à l'hypothèse la plus
simple, celle où il n'existe qu'une seule caution pour garantir la
dette, et nous avons tout de suite étudié le bénéfice de discussion, parce que de tous ceux que l'on a introduits en leur faveur,
c'est celui qui, dans ce cas, sera invoqué le premier.

Mais il peut se faire que plusieurs personnes se soient rendues
cautions d'un même débiteur ; et c'est alors que nous verrons
surgir une seconde exception connue sous le nom de bénéfice de
division.

63. — La présence de plusieurs cautions n'empêchera pas
celle qui sera poursuivie d'opposer l'exception d'ordre ; mais, on
le comprend, elle ne sera pas toujours à même de le faire, soit
parce qu'elle y aura renoncé, soit parce qu'elle n'aura pas les
deniers suffisants pour faire l'avance des frais au créancier, soit

pour toute autre cause ; et comme elle a, je le suppose, cautionné
en entier le débiteur en s'engageant sans restriction, elle se ver-
rait contrainte d'acquitter toute la dette, si on ne lui avait permis
d'opposer une nouvelle exception au créancier, au moyen de
laquelle elle le forcera de diviser préalablement son action et de
la réduire à la part et portion qu'en définitive elle doit supporter.

Tel est le but de l'exception ou bénéfice de division que nous
allons examiner.

§ 1er. — De son origine.

64. — A Rome, les fidéjusseurs étaient tenus *singuli in solidum*; cela résultait non-seulement de la nature du cautionnement, mais encore des formules employées pour contracter les
obligations. Par conséquent, le créancier pouvait à son choix
actionner telle ou telle caution, et celle qu'il poursuivait devait
payer en entier le montant de la somme pour laquelle elle s'était
engagée. Mais l'empereur Adrien, mû par un sentiment de bienveillance pour elles, leur permit de forcer le créancier à diviser
son action, et à ne demander à la caution poursuivie que sa part
dans la dette, calculée d'après le nombre des fidéjusseurs solvables au moment de la *litis contestatio*.

65. — Déjà une loi *Furia, De sponsu*, rendue vers l'année 639
de Rome, avait établi au profit des *sponsores* et des *fidepromissores* cette division de l'action du créancier; mais il existait entre
cette loi et le rescrit d'Adrien des différences notables :

1° La disposition de la loi *Furia* ne concernait que les *sponsores* et les *fidepromissores* et ne parlait nullement des fidéjusseurs dont l'emploi, selon toute apparence, ne devint si fréquent
que dans le but d'échapper aux restrictions apportées par les
diverses lois qui avaient réglé cette matière et dont les effets
étaient si préjudiciables aux droits des créanciers. Les fidéjusseurs étant ainsi restés en dehors de l'action de ces lois, c'est à
eux seuls que s'appliquait le rescrit d'Adrien.

2° La loi *Furia* n'était applicable qu'à l'Italie ; le rescrit
d'Adrien s'étendait aussi aux provinces.

3° D'après la loi *Furia*, la division avait lieu de plein droit ; les fidéjusseurs, au contraire, restaient toujours tenus pour le tout : seulement Adrien leur permettait de demander que l'action fût divisée : dans le premier cas, c'était un droit ; dans le second, une faveur, un bénéfice qu'il fallait invoquer pour en jouir, et auquel on pouvait renoncer.

4° Le moment que la loi *Furia* avait fixé pour opérer la division était celui *quo pecunia peti poterat*, c'est-à-dire le moment de l'exigibilité de la dette, et la division se faisait entre les fidéjusseurs *vivants*. Adrien avait voulu, au contraire, qu'elle eût lieu entre les fidéjusseurs *solvables litis contestatæ tempore*, à cette époque si importante dans l'exercice des actions romaines.

66. — Ce droit accordé par Adrien aux cautions de demander la division de la dette, nous le retrouvons dans notre ancien droit français. Il y passa comme le bénéfice de discussion ; et les remarques que nous avons faites à propos de ce dernier bénéfice sur la facilité avec laquelle on finit par y renoncer sont applicables ici.

67. — Nous le retrouvons encore dans l'article 2025 du Code Napoléon ; mais là, il n'y fut pas admis sans difficulté et sans avoir rencontré dans le sein du Tribunat la plus vive opposition.

Plusieurs membres auraient voulu que les cautions fussent considérées comme des codébiteurs ordinaires, et qu'en conséquence, application leur fût faite de l'article 1202, dans lequel il est dit que la solidarité ne se présume pas et qu'elle doit être expressément stipulée. Quand plusieurs débiteurs, disait-on, contractent une dette, sans qu'il ait été stipulé qu'ils s'engagent solidairement à l'acquitter, la créance se divise de plein droit, et chacun n'est tenu que pour sa part et portion virile. Pourquoi en serait-il autrement des cofidéjusseurs ? En droit romain, ils étaient tenus chacun pour le tout ; cela se comprend ; c'était le résultat de la réponse que chacun d'eux avait faite au créancier : *Idem fidejubes ? Idem fidejubeo*. Mais, chez nous, il n'existe plus de formules ; et d'ailleurs, ajoutait-on, à quoi bon exiger que la caution, qui n'a pas renoncé au bénéfice de division, demande à jouir de ce bénéfice ? Si elle peut en user, n'est-il

3

pas plus simple d'établir qu'elle en jouira toujours de plein droit quand elle n'y aura pas renoncé ; si, au contraire, il répugne que la division ait lieu de plein droit, parce que chaque caution s'est obligée pour le tout, alors il ne faut jamais accorder ce bénéfice.

En conséquence de ces idées, on proposait de changer les dispositions du projet et de dire que les cautions seraient assimilées à des débiteurs conjoints ; que, comme eux, elles ne répondraient ni de l'insolvabilité ni de l'incapacité les unes des autres, et ne seraient tenues de payer chacune que sa part et portion de la dette.

Mais on alla aux voix, il y eut partage, et le projet de loi ne fut pas modifié ; les anciens principes demeurèrent intacts, et, nous le croyons, la raison voulait qu'il en fût ainsi.

68. — Dans cette question, toute la difficulté vient de l'assimilation inexacte que l'on fait des cautions aux codébiteurs conjoints et de l'importance trop grande que l'on donne aux formules du droit romain (1). Sans doute, le mécanisme employé à Rome pour faire naître des obligations conduisait forcément à ce résultat que le fidéjusseur se trouvait engagé pour le tout comme le débiteur principal ; mais il s'agit de savoir si, en dehors de ce mécanisme, la caution ne doit pas être tenue *in solidum*, en vertu de la nature même du cautionnement. Or, ce point est de toute évidence, et la preuve, c'est qu'à l'époque de Justinien où les formules avaient disparu, nous lisons cependant dans ses Instituts : *Si plures sint fidejussores, quotquot erunt numero, singuli in solidum tenentur.* M. Troplong en fait la remarque fort judicieuse et cite également ces expressions d'un rescrit des empereurs Sévère et Antonin qui confirment notre proposition : *Cùm hoc singuli in solidum teneantur non adjicitur, singuli tamen in solidum tenentur.*

69. — A quoi s'oblige, en effet, la caution ? à payer, si le

---

(1) Voir M. Ponsot, nos 206 et 208. Il considère la disposition de l'article 2025 comme une anomalie ; mais Pothier, nº 415, reconnaît fort bien que la différence qui existe entre des fidéjusseurs et des débiteurs principaux résulte de la nature du cautionnement, qui est différente de celle de l'engagement de codébiteurs conjoints.

débiteur lui-même n'acquitte pas la dette; elle s'oblige donc *in solidum*; et si le créancier en a exigé une seconde, celle-ci a dû contracter la même obligation; car cette circonstance qu'elles sont deux ou un plus grand nombre ne peut changer la nature de leur engagement. Le créancier ne se trouve pas suffisamment à l'abri avec une seule caution et il en demande deux; c'est une double sûreté qu'il se procure tout comme s'il stipulait l'adjonction à un fidéjusseur d'un gage ou d'une hypothèque, surcroît de garantie qui, assurément, ne saurait modifier l'obligation à laquelle s'est soumis ce fidéjusseur.

70. — Chaque caution s'engage donc à garantir le créancier de l'insolvabilité du débiteur; et si le débiteur ne paye pas à l'échéance les 1,000 francs, par exemple, qu'il a empruntés, chacune des cautions pourra être tenue de les payer sur les poursuites du créancier; car, en ayant dit : Je cautionne le débiteur, chaque caution a entendu se soumettre à l'obligation de donner les 1,000 francs dans le cas où cette dette ne serait pas acquittée par l'obligé principal; pour qu'il en fût autrement, il faudrait que les parties s'en fussent expliquées. Au contraire, lorsque deux ou plusieurs personnes empruntent une somme d'argent, quelle est l'idée qui, la première, vient s'offrir à l'esprit? C'est que cette somme va profiter à tous, et que dès lors il est juste que chacun soit tenu pour la part dont il aura tiré profit; l'idée de solidarité qui, dans le premier cas, se présente tout naturellement, se trouve donc dans le second cas repoussée par la raison; et voilà pourquoi on a bien fait dans l'article 2025 de poser en principe que les cautions sont tenues solidairement, sauf, par un sentiment de bienveillance, à adoucir leur position en leur permettant d'invoquer un bénéfice qui, après tout, ne sera pas trop préjudiciable au créancier, puisque celui-ci sera toujours assuré de toucher le montant de ce qui lui est dû, garanti qu'il est de l'insolvabilité des cautions.

§ II. — *Des cautions qui peuvent l'invoquer.*

71. — Toute caution peut invoquer le bénéfice de division, à moins qu'elle n'y ait renoncé (art. 2026).

Cette renonciation peut être expresse ou tacite. Si elle est expresse, le doute n'est pas possible ; mais si elle est tacite, des difficultés pourront s'élever sur le sens à donner aux expressions dont on se sera servi ; il faudra alors leur donner le sens le plus naturel, le plus raisonnable, et rechercher quelle a pu être l'intention des parties.

72. — La renonciation au bénéfice de division n'enlève pas à la caution qui l'a faite le droit d'invoquer le bénéfice de discussion. Ces deux exceptions sont bien distinctes : renoncer à l'une, c'est se constituer débiteur solidaire avec le principal obligé ; renoncer à l'autre, c'est adhérer à l'obligation *in solidum* qui existe entre les cofidéjusseurs, sans changer toutefois ses rapports avec le débiteur principal.

73. — Si les cautions ont déclaré s'obliger *solidairement et comme débiteurs principaux*, c'est qu'elles ont voulu renoncer tout à la fois et au bénéfice d'ordre et au bénéfice de division (1).

74. — Mais *quid* si elles ont déclaré simplement s'engager *solidairement*, sans ajouter : *et comme débiteurs principaux?* Ont-elles entendu ne s'engager solidairement qu'entre elles ou s'obliger de la sorte non-seulement entre elles, mais encore avec le débiteur principal ?

75. — Et d'abord, avant d'examiner la question posée en ces termes, demandons-nous si au moins leur intention a été de s'engager solidairement entre elles ? Il semble à première vue que sur ce point il ne peut s'élever aucun doute, puisque les parties l'ont elles-mêmes déclaré, et nous eussions passé sous silence cette prétendue difficulté, si nous ne savions qu'il existe au Code une loi dans laquelle elle a été posée et résolue d'une façon tout

---

(1) Voir Pothier, n° 416.

à fait inadmissible. C'est la loi 3 au Code *De fidej.* Nous y
voyons que les empereurs Sévère et Antonin, consultés sur le
sens qu'il fallait donner à ces expressions *ut singuli in solidum
tenerentur* qu'avaient ajoutées à leur obligation deux cofidéjusseurs,
décidèrent que cela n'impliquait pas l'idée d'une renonciation au
bénéfice de division. Et la raison qu'ils en donnaient était celle-
ci, que les cautions étant en principe tenues *in solidum,* le
répéter lors de l'engagement, c'était ne rien dire de nouveau.
*Nam licet significes adjectum esse in obligatione, ut singuli in
solidum tenerentur : tamen nihil hæc res mutat conditionem
juris et constitutionem. Nam, et cùm hoc non adjiciatur, singuli tamen in solidum tenentur.* Sans doute, c'eût été ne rien
dire de nouveau, si ce principe de solidarité n'avait pu être adouci
par aucun moyen ; mais, si nous songeons qu'en vertu du rescrit d'Adrien, il était libre à chaque caution de le détruire en
opposant le bénéfice de division, comment croire que les termes
dont nous parlions tout à l'heure n'ont pas eu pour but de
renoncer à ce bénéfice en prouvant l'intention des parties de
rappeler le principe et de s'y renfermer ?

La décision donnée dans cette loi 3 repose donc sur une sub-
tilité que nous ne saurions admettre. On ne peut supposer que
des cautions se soient servies de pareilles expressions pour ne
rien dire ; elles sont trop graves pour qu'il soit permis de les
regarder comme une vaine formule, et dans le doute ne devrions-
nous pas d'ailleurs suivre la règle de l'article 1157, qui nous dit
que, lorsqu'une clause est susceptible de deux sens, on doit
plutôt l'entendre dans celui avec lequel elle peut avoir quelque
effet, que dans le sens avec lequel elle n'en pourrait produire
aucun? Mais l'article 2021 est formel ; si la caution s'engage solidairement, l'effet de son engagement se règle par les principes
qui ont été établis pour les dettes solidaires ; or, d'après l'article 1203, le créancier d'une obligation contractée solidairement
peut s'adresser à celui des débiteurs qu'il veut choisir, sans que
celui-ci puisse lui opposer le bénéfice de division.

70.— Disons-le donc : les cautions qui se sont engagées solidairement ont par là renoncé au bénéfice de division (1). Mais devons-nous décider, et c'est ici que nous revenons à la question précédemment posée, qu'elles ont en outre entendu renoncer au bénéfice de discussion ?

MM. Ponsot (n° 209) et Dalloz (n° 210) tiennent pour l'affirma-

---

(1) Sic MM. Troplong n° 301 ; Ponsot, n° 209 ; Duranton, n° 343 ; Dalloz, n° 210. Les cautions qui veulent renoncer au bénéfice de division peuvent donc ou le dire expressément ou s'engager solidairement entre elles ; elles arriveront ainsi au même but. Mais remarquons qu'il n'est pas indifférent pour elles de se servir de l'une ou de l'autre de ces expressions ; si elles se contentent de renoncer au bénéfice de division, elles se renferment alors dans les termes de l'article 2025 et sont obligées chacune à toute la dette, *in solidum*; mais si elles déclarent s'engager solidairement, comme d'après l'article 2021, l'effet de cet engagement se règle par les principes établis pour les dettes solidaires, non-seulement elles seront tenues *in solidum*, mais il faudra encore leur faire l'application des articles 1205, 1206 et 1207. Cette dernière obligation est donc bien plus rigoureuse que la première. C'est qu'en effet, être tenu *in solidum* n'est pas la même chose qu'être tenu solidairement avec les effets légaux de la solidarité. Cette distinction est facile à comprendre ; seulement, dans certains cas, des difficultés peuvent s'élever sur la question de savoir si tel débiteur doit être regardé comme obligé *in solidum*, ou comme obligé solidairement. Or, dans la remarque que je viens de faire, j'ai tranché cette question en considérant ceux qui se sont engagés comme cautions, sans que la solidarité ait été stipulée, comme des débiteurs tenus simplement *in solidum*. Mais, je dois le dire, cette solution n'est pas admise par tous les auteurs (a). Ainsi, M. Troplong, n° 200 les regarde comme des débiteurs solidaires ; ils le seraient, dit-il, dans toute la force du mot, si l'article 2026, en leur accordant le droit d'invoquer le bénéfice de division, ne faisait exception à l'article 1205 ; mais, ajoute t-il, comme après tout l'obligation de payer le total est de droit et que le bénéfice de division n'est qu'*in facultate*, je crois qu'ils appartiennent à la classe des débiteurs solidaires plutôt qu'à la classe des débiteurs ordinaires : il y a relâchement du lien solidaire, mais il n'y en a pas destruction. Et par suite de ces idées, M. Troplong décide, n° 201, que la poursuite dirigée contre l'une des cautions interrompt la prescription contre les autres ; disposition de l'article 2249 qui dit-il, est littéralement applicable. C'est aussi l'opinion de M. Dalloz, n° 200. Sans doute l'article 2249 serait applicable, si les cofidéjusseurs étaient de véritables débiteurs solidaires ; mais c'est ce que je ne puis admettre, et en ce sens je suis de l'avis de MM. Delvincourt et Zachariæ (t. 3, page 100, note 15). Que dit l'article 2025 ? Il dit que les cautions sont obligées chacune à toute la dette ; il ne dit pas qu'elles sont solidaires ; or, d'après l'article 1202 la solidarité ne se présume pas ; il faut qu'elle soit expressément stipulée ou établie. Mais, dit-on, lisez l'article 1200 qui donne la définition de la solidarité et vous verrez qu'elle s'applique parfaitement au cas de l'article 2025. Oh! alors, si pour savoir dans

(a) M. Duranton l'admet n° 311.

tive. Ils ne voient aucune différence entre ces expressions *solidairement* ou *solidairement et comme débiteurs principaux* ; selon eux, il y a dans ces deux cas intention, de la part des fidé-jusseurs, de renoncer et au bénéfice d'ordre et au bénéfice de division ; et, pour que les cautions ne soient censées avoir renoncé qu'au seul bénéfice de division, ils veulent qu'elles aient distingué et se soient expliquées sur ce point. Je ne puis être de cet avis, et il me semble que, sans qu'il soit besoin pour les cautions de dire qu'elles s'engagent solidairement entre elles seulement et non avec le débiteur principal, toutes les fois qu'elles se seront ainsi exprimées : Nous cautionnons un tel et nous nous enga-geons solidairement, elles n'auront entendu s'obliger solidaire-ment qu'entre elles, et renoncer qu'au seul bénéfice de division. Nous l'avons déjà dit, les renonciations ne doivent pas se pré-

---

quels cas on doit appliquer les effets rigoureux de la solidarité, il suffit d'exa-miner si la position des débiteurs est bien celle que présente l'article 1200, il nous faudra déclarer solidaires des débiteurs qui certes ne le sont pas. Ainsi, nous devrions dire que chacun de ceux qui ont contracté conjointement une dette indivisible est un débiteur solidaire (1222) et qu'ils sont aussi solidaires ceux qui ont promis de payer chacun le total d'une dette divisible sur la ré-quisition du créancier ; car, dans ces deux cas, chaque débiteur peut être contraint à la totalité, et le payement fait par un seul doit libérer les autres ; termes de l'article 1200. Or, ces résultats sont inadmissibles ; les effets attri-bués à la solidarité sont très-graves, et c'est pour cela que le législateur a écrit dans l'article 1202 qu'elle ne se présumait pas. Donc, toutes les fois qu'elle n'aura pas été expressément stipulée par les parties ou établie par la loi, il nous sera impossible de faire tomber les débiteurs sous le coup des rigueurs qu'elle entraîne.

J'irai même plus loin, mais, je l'avoue, c'est une question très-controversée, et je dirai que dans les cas où la solidarité a été établie par la loi, et ils sont nombreux, il en est dans lesquels nous ne devrons pas faire l'application des articles 1205, 1206 et 1207 : Ce sera lorsque les rapports qui uniront les débiteurs seront des rapports involontaires ou criminels. Je l'ai dit, cette question est controversée ; mais si l'on n'est pas d'accord pour appliquer tous les effets de la solidarité quand la loi s'est servie du mot *solidaire*, je crois que lorsqu'elle ne l'a pas employé comme dans l'article 2023, on peut soutenir har-diment qu'ils ne sont pas applicables. Et la preuve que l'expression *solidaire* dans la loi n'entraîne pas toujours les conséquences graves que nous savons, c'est que dans l'article 2021 on prend soin de nous dire, en parlant de l'en-gagement solidaire de la caution et du débiteur, que dans ce cas l'effet de cet engagement se réglera par les principes qui ont été établis pour les dettes solidaires. Si cela ne présentait aucune difficulté, aurait-on pensé à nous en faire l'observation ? Et cependant l'expression *solidaire* s'y trouve!

sumer facilement, et l'on ne doit les admettre que lorsqu'elles ressortent évidemment des expressions employées. C'est pour cela que tout à l'heure, contrairement à la loi 3 au Code *De fidej*, nous décidions que ces termes : *ut singuli in solidum tenerentur* indiquaient l'intention des fidéjusseurs de renoncer au bénéfice de division; mais ce serait aller trop loin que d'y voir aussi la pensée de renoncer à l'exception d'ordre. Les expressions dont nous parlons étant expliquées naturellement, pourquoi leur faire dire quelque chose de plus et prononcer une renonciation qui n'est rien moins qu'évidente?

77. — Quant au donneur d'aval sur une lettre de change, il est réputé s'être obligé solidairement et ne peut en conséquence invoquer le bénéfice de division.

78. — Nous n'admettrons pas non plus une caution à demander la division entre elle et celui qui se serait porté caution du même débiteur, mais à une époque postérieure; celui-ci, au contraire, pourrait obtenir cette division. Cela tient à ce que le fidéjusseur qui intervient le premier n'a pas dû, comme le second, compter sur ce bénéfice, et aussi à ce que le créancier n'a pu le faire renoncer, puisqu'au moment du contrat il se trouvait être seul fidéjusseur.

79. — Ulpien, loi 10, § 1er, *De fidej*., ne permettait aux fidéjusseurs d'opposer l'exception de division qu'autant qu'ils n'avaient pas nié leur cautionnement; car, disait-il, *inficiantibus auxilium divisionis non est indulgendum*. Il en était de même dans notre ancien droit; Pothier nous le dit n° 410; mais aujourd'hui, dans le silence du Code, nous ne pouvons appliquer cette disposition pénale.

80. — Dans l'ancienne jurisprudence, les cautions judiciaires ne pouvaient pas non plus se prévaloir de cette exception : sous le Code, elles le peuvent; car ce n'est que l'exception d'ordre qui leur a été retirée par l'article 2042.

§ III. — *Des cautions entre lesquelles le créancier peut être*
contraint de diviser son action.

81. — Il résulte des articles 2025 et 2026 que le créancier ne
peut être forcé de diviser son action qu'entre les cautions d'un
même débiteur et solvables dans le temps où l'une d'entre elles a
fait prononcer la division.

82. — Examinons le premier point : on ne peut contraindre le
créancier à la division qu'entre les fidéjusseurs d'un même débiteur ; une caution ne serait donc pas recevable à la demander
entre elle et son certificateur ; car, par rapport à son certificateur,
le fidéjusseur n'est qu'un débiteur principal (loi 27, § 4, D. *De*
fidej.). Mais entre les certificateurs des mêmes cautions, la division pourrait être exigée (loi 27, § 1er, D. *De fidej.*) ; elle pourrait
aussi l'être entre un fidéjusseur et le certificateur de son cofidéjusseur insolvable ; et réciproquement, entre ce certificateur, s'il
est poursuivi, et les cofidéjusseurs de celui qu'il a cautionné.

83. — Mais que faut-il décider dans l'hypothèse suivante ?
Deux débiteurs solidaires ont donné chacun séparément une
caution : celle de ces deux cautions que le créancier poursuivra
pourra-t-elle exiger de lui qu'il divise son action entre elle et
l'autre caution ? Elle le pourra, si nous regardons le fidéjusseur
d'un débiteur solidaire comme ayant aussi cautionné l'autre débiteur solidaire ; dans le cas contraire, cela ne lui sera pas
permis.

84. — Dans la loi 51, § 2, D. *De fidej.*, Papinien prévoit
cette hypothèse et il décide que le créancier ne peut être forcé
de diviser son action entre les deux fidéjusseurs ; qu'il ne pourrait y être contraint qu'entre les cofidéjusseurs du même débiteur solidaire ; *invitus creditor inter omnes fidejussores actiones*
dividere non cogitur, sed inter eos duntaxat qui pro singulis in-
tercenerunt. Pomponius, dans la loi 13, décide la question dans
le même sens ; selon ce jurisconsulte, la division ne peut avoir
lieu entre les deux cautions, parce que, chacune d'elles n'ayant

cautionné qu'un débiteur et un débiteur différent, elles ne sont pas des confidéjusseurs.

85. — Cette solution fut admise par Pothier, n° 419, et je la retrouve encore dans M. Ponsot, n° 213. Mais M. Troplong (n° 306) est d'un avis contraire. Entraîné par le souvenir d'une remarque que Pothier avait faite à propos du bénéfice de discussion, il prétend que chaque caution, quoique n'ayant voulu cautionner que tel débiteur déterminé, a cependant cautionné virtuellement l'autre débiteur solidaire ; que, par conséquent, elles se trouvent cautions des mêmes débiteurs, et que dès lors il n'y a pas d'obstacle à ce qu'elles puissent obtenir le bénéfice de division. Cette opinion ne me semble pas admissible. M. Troplong, pour la défendre, ne s'appule que sur un seul motif, motif qui lui semble frappant d'évidence et qu'il emprunte à Pothier, à qui il reproche de l'avoir trouvé excellent ailleurs et de l'oublier ici. Je comprends parfaitement que Pothier, en s'occupant de la question de savoir si une caution peut renvoyer le créancier à discuter les biens de celui qui s'est engagé solidairement avec le débiteur qu'elle a cautionné, ait pu ajouter aux raisons déjà données pour l'affirmative la considération suivante : « On peut même « dire que celui qui s'est rendu caution pour l'un d'entre plu- « sieurs débiteurs solidaires est aussi en quelque façon caution « des autres ; car l'obligation de tous ces débiteurs n'étant « qu'une même obligation, en accédant à l'obligation de celui « pour qui il s'est rendu caution, il a accédé à celle de tous ; » je comprends, dis-je, que Pothier se soit, dans cette question à résoudre, servi de ces expressions, et je les ai moi-même reproduites à leur place [n° 61] ; c'est qu'en effet, là où il les a écrites, elles sont très-justes et très-raisonnables ; mais il ne faut pas les transporter d'un terrain dans un autre, et leur faire dire plus qu'elles ne disent et ne doivent dire par le fait.

86. — L'idée de Pothier est celle-ci : Lorsque deux débiteurs, par exemple, Primus et Secundus, se sont engagés solidairement à payer la somme de 1,000 fr. et que Paul a cautionné Primus, il a cautionné la même obligation et par conséquent il se trouve, en quelque façon, caution de Secundus, puisque, en payant cette

somme de 1,000 fr., il libérera Secundus vis-à-vis du créancier. Donc, dit Pothier, dans cette position il doit être permis à la caution de renvoyer le créancier discuter les biens même du débiteur solidaire qu'il n'a pas cautionné ; réflexion qui, je le répète, est très-raisonnable ; mais remarquons que c'est plutôt la même obligation que les mêmes débiteurs que Paul se trouve avoir cautionnée.

87. — Mais ici de quoi s'agit-il et que veut l'article 2025? Il s'agit de forcer le créancier à diviser son action et l'article 2025 nous dit qu'il ne peut y être contraint qu'entre les fidéjusseurs *d'un même débiteur.* Le texte est formel et doit être appliqué dans toute sa rigueur. Or, si tout à l'heure, comme raison complémentaire et ayant une apparence de vérité (car remarquons que Pothier dit : en quelque façon), nous avons pu admettre la remarque que fait ce judicieux jurisconsulte, ici il nous est impossible d'aller jusqu'à dire que la caution d'un débiteur solidaire est aussi caution de l'autre, de manière à faire que les deux cautions aient véritablement cautionné les mêmes débiteurs.

88. — Et la preuve que Pothier a bien fait de se servir de cette expression restrictive : « en quelque façon, » c'est que si nous examinons les relations de la caution avec le débiteur cautionné et celles de cette même caution avec l'autre débiteur, nous verrons qu'elles ne mènent pas aux mêmes résultats auxquels cependant elles devraient conduire, si vraiment il y avait cautionnement tout à la fois et de l'un et de l'autre débiteur. Ainsi, je suppose que Paul, sur les poursuites du créancier, a payé les 1,000 fr.; en vertu des règles sur le cautionnement, que pourra-t-il réclamer à Primus? La même somme de 1,000 fr., sauf à Primus son recours contre Secundus pour la moitié. Mais pourrait-il les exiger en totalité du débiteur qu'il n'a pas cautionné, de Secundus? En aucune façon, car il n'est pas son mandataire et ce n'est pas de lui dont il a entendu faire l'affaire. Contre Secundus il n'aura qu'une action *de in rem verso* pour se faire indemniser jusqu'à concurrence du profit que celui-ci a retiré de sa libération. Or, s'il était vrai de dire que le fidéjusseur a cautionné Secundus comme Primus, n'est-il pas évident qu'il devrait pou-

voir lui réclamer la même valeur? S'il ne le peut pas, c'est donc qu'il n'a pas cautionné Secundus, et dès lors, les cautions n'ayant pas cautionné les mêmes débiteurs, elles ne pourront invoquer le bénéfice de division.

89. — Passons maintenant au second point. La division ne peut être exigée qu'entre les cautions solvables dans le temps où l'une d'entre elles a fait prononcer la division (2026).

90. — Cela avait déjà lieu en droit romain : le créancier n'avait pas à souffrir de l'insolvabilité des cautions; *ideòque si quis ex fidejussoribus solvendo non sit, hoc cæteros onerat.*

91. — On comprend facilement pourquoi il en est ainsi : l'exception de division n'est qu'un bénéfice accordé aux fidéjusseurs, et cette faveur ne doit pas être préjudiciable au créancier au point de lui ôter les moyens d'arriver au recouvrement intégral de sa créance.

92. — Ici nous avons à nous demander 1° quand une caution est solvable; 2° à quel moment doit s'apprécier la solvabilité; 3° à la charge de qui incombe la preuve de l'insolvabilité des cautions.

93. — 1° Quand une caution est-elle solvable?

En matière de division de la dette entre les cautions, chaque caution sera solvable qui présentera des garanties suffisantes pour acquitter la portion de dette qui sera mise à sa charge. Cette solvabilité s'estimera bien toujours comme le veut l'article 2019 eu égard aux propriétés foncières, en laissant de côté les immeubles litigieux ou par trop éloignés; mais on ne demandera plus à chaque caution, ainsi qu'on avait dû l'exiger lors de la formation du cautionnement, des biens suffisants pour payer la totalité de la dette; puisque, je le répète, la division étant opérée, chaque caution n'aura définitivement à payer qu'une portion de cette dette, les insolvabilités subséquentes devant être supportées par le créancier (2026 *in fine*).

94. — Doit être regardée comme solvable la caution qui, sans l'être par elle-même, a un certificateur solvable. (Loi 27, § 2 D., *de fidej.*, et Pothier n° 420.)

95. — Pothier, n° 423, disait qu'un fidéjusseur ne pouvait pas

opposer l'exception, si son cofidéjusseur était demeurant hors le royaume. Je crois qu'aujourd'hui il faut distinguer : si le cofidéjusseur demeure à l'étranger et n'a aucun bien en France, il est clair que nous devrons le regarder comme insolvable, quoique peut-être il ait à l'étranger des biens considérables. Mais s'il a des biens en France, peu importe qu'il demeure à l'étranger ; et s'il demeure en France sans y avoir aucuns biens, peu importe encore s'il fournit une caution qui s'engage à payer le *judicatum.* Dans ces deux cas nous le considérerons comme solvable.

96. — La division pourra encore avoir lieu entre deux cautions dont l'une serait tenue purement et simplement et l'autre à terme ou sous condition, pourvu que celle-ci fût alors solvable.—Si plus tard, à l'échéance du terme, elle se trouve être insolvable ou si la condition vient à défaillir, le créancier aura son recours contre la première caution. (Loi 27, D. *De fidej.*)

97. — Il aurait de même un recours contre les fidéjusseurs solvables, si plus tard on venait à reconnaître qu'on avait divisé la dette entre des cautions dont la solvabilité ne paraissait pas douteuse, mais qui, par le fait, étaient insolvables lors de la division.

98. — Mais que décider dans le cas où l'un des fidéjusseurs n'avait pas la capacité de s'obliger quand il s'est porté caution? Ainsi c'est un mineur, un interdit, une femme mariée. Les autres fidéjusseurs pourront-ils demander la division entre eux et lui? Si l'incapable a déjà fait prononcer la nullité de son engagement ou s'il a formé une demande tendant à la faire prononcer, on doit le regarder comme insolvable et ne pas le compter parmi ceux entre lesquels la division peut s'opérer; mais s'il n'a encore élevé aucune contestation, je crois qu'il est permis de le ranger parmi les cautions solvables, sauf plus tard et pour le cas où des difficultés surviendraient, à permettre au créancier qui, sur ce point, aurait fait ses réserves, de recourir contre les autres cautions.

99. — Papinien, dans la loi 48 D. *de fidejussor,* distinguait entre la caution mineure et la caution femme mariée. Était-ce une femme mariée qui s'était engagée, il voulait que le cofidé-

jusseur fût contraint de payer le total sans que l'on eût besoin de se demander si son cautionnement avait été donné avant celui de la femme, ou conjointement ou depuis. Était-ce au contraire un mineur qui, postérieurement à son engagement, s'était fait restituer, il disait que le cofidéjusseur ne devait être tenu pour le total qu'autant que son engagement aurait été pris avant celui du mineur. Et il donnait pour raison de cette différence que dans aucun cas le cofidéjusseur n'avait dû compter sur l'intervention de la femme, *cùm ignorare non debuerit mulierem frustrà intercedere;* tandis qu'il lui avait été possible de compter sur celle du mineur, *propter incertùm ætatis et restitutionis.*

100. — Pothier, n° 424, rejette cette distinction que fait Papinien, et veut que le créancier puisse exiger du fidéjusseur qu'il poursuit la totalité de la dette, que le fidéjusseur soit une femme mariée ou un mineur. Pothier a raison de ne pas distinguer comme le fait le jurisconsulte romain. En effet, le mineur s'étant fait restituer, pourquoi le cofidéjusseur ne devrait-il être poursuivi que pour moitié par le créancier à la charge de qui on met alors la perte de l'autre moitié de sa créance? Papinien nous dit qu'il en doit être ainsi parce que le fidéjusseur qui est intervenu conjointement avec le mineur ou depuis lui, a dû, dans le doute où il se trouvait de savoir si le mineur se ferait restituer ou non, compter sur l'intervention de celui-ci. Mais il est évident que si un fidéjusseur peut prévoir l'insolvabilité de son cofidéjusseur, et doit même la prévoir puisque c'est sur lui qu'elle retombe, il peut et doit aussi bien prévoir le cas où son cofidéjusseur mineur se ferait restituer. D'ailleurs on ne voit pas pourquoi la perte serait plutôt supportée par le créancier que par le fidéjusseur. Le créancier, en exigeant que celui-ci intervînt, n'a-t-il pas montré par là les craintes que lui inspirait le peu de solidité de l'engagement du mineur, et le désir qu'il avait de s'assurer un nouveau garant auquel il lui fût permis de recourir dans l'occasion pour la totalité?

101. — 2° A quel moment doit s'apprécier la solvabilité?

L'article 2020 nous dit que c'est dans le temps où l'une des cautions *a fait prononcer* la division. Faut-il prendre ce texte à la lettre ou devons-nous le corriger en remplaçant les expressions qu'il contient par celles-ci : dans le temps où l'une des cautions a *demandé* la division ?

Les opinions sur ce point sont partagées. Ceux qui sont d'avis de faire ce changement font remarquer que par là on se met d'accord avec les principes, et l'équité ; avec les principes, puisque chez nous, sauf de rares exceptions, par exemple dans les questions d'état, les jugements sont non pas attributifs, mais déclaratifs de droits ; avec l'équité, car il n'est pas juste de mettre à la charge de la caution qui s'est mise en règle en réclamant la division, les insolvabilités survenues depuis sa demande, et auxquelles peut-être, par ses chicanes, le créancier a donné le temps de se produire.

102. — Mais il en est d'autres qui s'en tiennent rigoureusement au texte ; leur opinion me semble préférable. Les expressions de l'article 2026 sont trop formelles pour qu'il soit permis de les changer pour leur donner un sens complétement différent, et je ne puis croire que les rédacteurs du Code les aient employées sans se rendre un compte exact de leur signification ; du reste ils les ont prises dans Pothier où elles ne sont pas isolées. C'est ainsi que nous lisons au n° 426 de son *Traité des obligations* ces mots : Avant que la division de la dette ait été prononcée par le juge, chacun des fidéjusseurs est véritablement débiteur du total et de la dette. Il est vrai que M. Ponsot, qui est d'un avis contraire à celui que nous avons adopté, cite aussi un passage de Pothier (1) dans lequel ce jurisconsulte met à la charge du créancier les insolvabilités survenues depuis la *contestation en cause* ; mais je ferai remarquer que dans ce passage Pothier reproduit l'opinion de Papinien, et qu'alors il n'est pas étonnant de le voir, en traduisant, pour ainsi dire, les décisions contenues dans les lois 51, § 4 et 52, § 1er, D. *De fidej.*, se servir de l'expression latine *litis contestatio*, contestation en cause (2).

---

(1) Pothier, n° 420.
(2) A Rome c'était le moment que l'on considérait pour apprécier la solvabilité de chaque fidéjusseur.

Les termes du n° 120 de Pothier ne peuvent donc nous être opposés, et l'autre passage que nous avons cité reste dans toute sa force.

103. — Qu'y a-t-il d'ailleurs d'étrange à ce que Pothier, et les rédacteurs après lui, aient choisi ce moment de la prononciation du jugement pour apprécier la solvabilité de chaque caution ? Par là, dit-on, ils se sont écartés des principes. Je le reconnais ; mais je trouve que, dans la matière qui nous occupe, le législateur était libre d'étendre ou de restreindre les prérogatives attribuées à la caution, suivant ce qu'il lui semblait être le plus conforme à la raison et à l'équité. Or, ici, nous ne devons pas oublier que la division est une faveur accordée aux cautions, dans le but de leur venir en aide en leur permettant de ne payer qu'une portion de la dette, celle qui, en définitive, doit rester à leur charge ; mais que ce bénéfice n'a jamais pu leur être octroyé pour leur donner l'espoir de se soustraire à des insolvabilités dont aurait à souffrir le créancier.

C'est déjà bien assez, comme nous le verrons tout à l'heure [n° 123], de faire courir au créancier les insolvabilités survenues depuis la prononciation du jugement.

104. — 3° A la charge de qui incombe la preuve de l'insolvabilité des cautions ? Il peut se faire qu'une caution ne soit pas notoirement insolvable, et cependant qu'il existe quelques doutes sur sa solvabilité. Dans ce cas, qui devra apporter la preuve de ce qu'il avance, du fidéjusseur qui soutient que la caution dont il s'agit est très-solvable, ou du créancier qui prétend, au contraire, qu'elle ne l'est pas ? Ce sera au créancier à prouver que la caution dont on prédit la solvabilité se trouve être insolvable ; car le fidéjusseur actionné qui réclame la division ne fait qu'user du droit que lui accorde l'article 2026, et que cet article lui accorde, remarquons-le, sans condition, et sans lui imposer l'obligation ou d'indiquer certains biens ou de faire l'avance des frais nécessaires à la discussion à laquelle va se livrer le créancier. Mais si, plus tard, on vient à reconnaître que le créancier avait raison, et que la caution était insolvable, il aurait son recours contre le fidéjusseur, qui soutenait le contraire, non-seulement

pour la portion que n'a pu payer le cofidéjusseur, mais encore
pour les rais faits sur la discussion.

§ IV. — *De l'époque à laquelle la caution doit opposer au créancier ce bénéfice.*

105. — Doit-elle l'opposer, comme l'exception de discussion,
sur les premières poursuites du créancier? ou lui sera-t-il encore
permis de l'invoquer plus tard? La difficulté vient de ce que l'article 2026 ne s'explique pas sur ce point comme le fait l'article 2022. Il en est qui prétendent que, sans se servir des mêmes
termes, l'article 2026 renferme implicitement la même idée; et
ils attribuent au mot *préalablement* la même signification qu'ils
donnent aux expressions : *sur les premières poursuites.*

D'autres rejettent cet argument et s'appuient sur le silence de
la loi, sur l'ancienne jurisprudence et sur le droit romain pour
établir que la caution peut invoquer le bénéfice de division non-
seulement en tout état de cause, mais encore en appel.

106. — C'est cette dernière opinion à laquelle je veux m'arrêter, mais sans adopter toutes les raisons que l'on a données à
l'appui. Ainsi, quelques auteurs qui sont de cet avis, Pothier,
nº 423, M. Troplong, nº 293, invoquent la loi 10 au Code *De
fidejussoribus*, ainsi conçue : *Ut dividatur actio inter eos, qui
solvendo sunt, ante condemnationem ex ordine solet postulari*,
pour dire que la division peut être exigée tant que le jugement
n'a pas été prononcé, puisqu'il suffit de la demander *ante condemnationem.*

Cette loi, je ne crois pas qu'elle puisse être invoquée à l'appui
de l'opinion qu'on soutient. Elle est de l'empereur Alexandre, par
conséquent d'une époque où le système formulaire était encore en
vigueur. Or, nous savons que, sous ce système, le magistrat dé-
livrait aux parties une formule, formule que l'on pouvait modifier
jusqu'au moment de la *litis contestatio*, mais à laquelle, passé
ce moment, il n'était plus permis d'ajouter ou de retrancher; et
c'est pour cela qu'Adrien, dans son rescrit, voulait que la division

4

eût lieu entre les fidéjusseurs solvables *litis contestatæ tempore*;
car, plus tard, il eût été impossible d'apporter aucun changement
à la formule. Elle était délivrée aux parties qui cessaient d'être
in jure pour passer *in judicio* et se trouver en présence du juge,
lequel devait se renfermer dans les limites tracées par le magistrat,
et ne condamner que les personnes désignées par lui. Du reste,
l'erreur de ceux qui veulent se servir de cette loi vient de la mauvaise traduction qu'ils font des mots : *ante condemnationem*;
ces mots n'ont jamais voulu dire, en droit romain : avant la prononciation du jugement. Quand on voulait, à Rome, exprimer
cette idée, on disait : *ante sententiam*. *Ante condemnationem* ne
peut s'entendre que des instants qui précédaient celui où le magistrat rédigeait la partie de la formule appelée *condemnatio*.
C'est, sans doute, dans ce dernier sens que l'empereur Alexandre
s'est servi des termes que nous trouvons dans la loi 10. Dans tous
les cas, les phases de la procédure romaine étant tout à fait différentes des nôtres, nous ne pouvons raisonnablement tirer aucun
argument valable fondé sur leur analogie.

Je laisse donc complétement de côté la loi 10, sur laquelle cependant s'appuie Pothier, et que M. Troplong présente dans cette
question comme un texte décisif.

107. — Je ne fais pas non plus grand cas de cet autre argument qui consiste à dire que si le bénéfice de discussion doit être
invoqué sur les premières poursuites, c'est parce que c'est une
exception dilatoire; tandis que le bénéfice de division, étant
une exception péremptoire, on doit pouvoir l'opposer en tout état
de cause. Cette division des bénéfices en dilatoire et péremptoire
ne me paraît pas fondée. J'ai déjà dit (en note, page 22) que l'exception de discussion ne pouvait être regardée comme dilatoire,
dans le sens de l'art. 186 du Code de procédure; que si, maintenant on veut entendre par exception dilatoire toute exception
qui tend à obtenir un délai, je ferai remarquer que l'exception de
division peut aussi bien être dilatoire que l'exception d'ordre; car,
de même que la caution, qui renvoie le créancier à discuter les
biens du débiteur, peut voir ce créancier revenir contre elle, de
même la caution qui a réclamé la division peut, dans les cas où

l'insolvabilité des autres cautions retombe à sa charge [nᵒˢ 96, 97 et 98], subir un recours de la part du créancier; et, au contraire, les deux exceptions seront péremptoires lorsque le créancier, renvoyé à la discussion ou à qui on a demandé la division se trouvant payé, n'aura plus aucun recours à exercer.

108. — Si le bénéfice de division peut être invoqué en tout état de cause, cela tient à la nature de cette exception, qui est une véritable défense au fond (1). Or, toute défense au fond, on peut la faire valoir, non-seulement jusqu'au prononcé du jugement, mais encore en appel. L'article 2026 n'a pas dit de ce bénéfice comme l'article 2022 du bénéfice de discussion, qu'il doit être invoqué sur les premières poursuites, parce que c'eût été contraire à ces principes. Si les rédacteurs du Code avaient voulu leur faire violence et les changer, ils devaient s'expliquer catégoriquement sur ce point; ils ne l'ont pas fait : leur silence est significatif, d'autant plus qu'ils étaient prévenus. Pothier, qu'ils suivaient, avertissait dans son ouvrage que cette question jadis avait été controversée, mais que de son temps on reconnaissait généralement que le bénéfice de division pouvait être invoqué en tout état de cause; nos rédacteurs n'ont pas changé cette décision, ils l'ont donc admise. Mais, dit-on, si fait, ils l'ont changée; ils ont dit dans l'article 2026 que chaque caution peut exiger que le créancier divise *préalablement* son action; préalablement, c'est-à-dire sur les premières poursuites. Cet argument n'est pas sérieux : pour que le mot préalablement fût entendu en ce sens, il faudrait qu'il fût placé après le verbe *exiger*, et que l'on eût dit : chaque caution peut exiger préalablement que le créancier divise son action, et il est impossible de mutiler les articles pour leur faire dire ce qu'ils ne disent pas et surtout ce qu'ils ne doivent pas dire.

109. — Il n'est donc pas nécessaire que la caution invoque le bénéfice de division sur les premières poursuites du créancier; elle peut le faire en tout état de cause; mais, comme plus elle attend, plus elle court le risque de mettre à sa charge l'insolvabilité

----

(1) Voir Boitard, *Leçons sur le Code de procédure*, tome 1ᵉʳ, nᵒ 501.

de ses cofidéjusseurs, nous n'avons pas à craindre qu'elle tarde trop longtemps; son intérêt personnel nous répond assez de sa diligence.

110. — Si elle se laisse condamner sans user de la faveur que la loi lui accorde, plus tard il ne lui est plus donné d'en jouir; personnellement condamnée à payer la totalité de la dette, il faut qu'elle obéisse et l'acquitte en entier.

111. — Toutefois, si elle se trouve encore dans les délais, qu'elle interjette appel, et, de même que dans cette nouvelle instance, elle pourra faire valoir de nouveaux moyens, de même il lui sera permis d'invoquer encore le bénéfice de division.

112. — *Quid* dans le cas où les poursuites exercées contre elle sont extra-judiciaires? Jusqu'à quel moment pourra-t-elle se prévaloir de l'exception? M. Duranton, n° 348, pense qu'elle ne peut l'opposer que jusqu'à la vente de ses biens exclusivement. Pour moi, je crois qu'elle le peut encore, même après la vente des biens saisis, tant que les deniers n'ont pas été partagés. C'est aussi l'avis de MM. Troplong, n° 298, Dalloz, n° 206, et Ponsot, n° 222.

113. — Notre savant professeur, M. Ponsot, le fait remarquer avec beaucoup de justesse, en prétendant que permettre à la caution d'user du bénéfice après la vente des biens, c'est jeter le créancier dans des longueurs sans objet utile pour la caution elle-même, raisonne comme s'il s'agissait du bénéfice de discussion, et cependant la position n'est pas la même. Le bénéfice de division, qu'il soit invoqué avant ou après la vente des biens saisis, ne soumet le créancier ni aux ennuis d'une procédure plus longue ni aux chances périlleuses auxquelles l'expose le bénéfice de discussion. Lorsqu'un fidéjusseur oppose cette dernière exception, il demande à se soustraire aux poursuites du créancier, et l'on comprend combien il était urgent de l'obliger à parler dès les premières poursuites; car, sans cela, il eût pu, par méchanceté, traîner le créancier en longueur, pour le renvoyer ensuite au débiteur, sans que ses démarches aient eu le moindre résultat. D'un autre côté, quand la caution use de l'exception d'ordre, elle expose le créancier à n'être payé ni par elle ni par le débiteur; ce qui peut arriver si, pendant les poursuites exercées contre ce dernier, pour-

suites que je suppose infructueuses, la caution devient insolvable.

114. — Mais tous ces inconvénients existent-ils, quand il s'agit du bénéfice de division? Nullement. Le but de la caution qui l'invoque n'est pas de se soustraire complétement à l'action du créancier : qu'elle le demande avant ou après la vente de ses biens, il lui faudra toujours payer sa portion dans la dette. Le créancier n'aura donc pas perdu son temps, puisque les formalités qu'il a remplies, il fallait les accomplir aussi bien pour arriver au payement de cette fraction qu'à celui de la totalité. Remarquons ensuite que le retard que la caution aura mis à demander la division n'aura pu être nuisible qu'à elle, car elle seule, pendant ce temps, aura eu à courir les chances de l'insolvabilité des autres.

115. — Je n'aperçois donc pas les longueurs que redoute M. Duranton ; mais, en revanche, je trouve que, même après la vente des biens saisis, la caution peut avoir un intérêt réel à demander la division, quoique notre professeur estime que cela soit *sans objet utile* pour elle-même. Ainsi, n'a-t-elle pas intérêt à la demander pour éviter les recours que, plus tard, il lui faudrait exercer contre ses cofidéjusseurs et aussi pour mettre à la charge du créancier les insolvabilités postérieures à l'obtention du jugement prononçant la division?

116. — Nous avons dit qu'une caution ne pouvait contraindre, même après l'échéance de la dette, le créancier à poursuivre le débiteur [n° 59]. Ici il en est de même, et chaque caution doit attendre la poursuite du créancier pour lui opposer l'exception de division. Un fidéjusseur ne pourrait pas valablement devancer son action et lui dire : Voici ma part dans la dette, je suis quitte envers vous (1). Le créancier aurait le droit de refuser cette offre; car elle serait préjudiciable à ses intérêts, dans le cas où, pour obtenir la totalité, il n'aurait qu'à actionner ou le débiteur principal, ou l'une des cautions ayant renoncé au bénéfice. La caution qui s'in-

---

(1) Nous retrouvons cette idée dans le rapport fait au tribunat, par Chabot, de l'Allier. Ce tribun s'exprimait ainsi : La division ne peut être demandée qu'après que l'action a été formée par le créancier; et jusqu'à ce qu'elle soit demandée, toutes les cautions restent responsables des insolvabilités de chacune d'elles.

quiète du retard que le créancier met à réclamer ce qui lui est dû a un moyen bien simple de sortir d'embarras : elle peut ou payer le tout et agir soit contre le débiteur, soit contre ses cofidéjusseurs, ou, sans rien payer, contraindre le débiteur principal à acquitter la dette, ou à lui rapporter de toute autre façon la décharge de son cautionnement (2032, 4°).

117. — Le bénéfice de division étant une faveur accordée à la caution, il faut qu'elle l'invoque pour en jouir : le juge ne saurait le suppléer d'office. J'ai déjà fait la même remarque pour le bénéfice de discussion [n° 36].

§ V. — *De l'effet de la division prononcée sur la demande de la caution, ou consentie spontanément par le créancier.*

118. — Il est libre à la caution qui est poursuivie d'opposer le bénéfice de division ; mais, si elle néglige de l'invoquer et paye la totalité de la dette ou une somme plus forte que sa part, elle ne peut répéter le surplus contre le créancier, car, d'après l'article 2025, en principe, elle est obligée *in solidum*.

119. — Que décider dans l'hypothèse suivante ? Primus et Secundus se sont tous deux portés fidéjusseurs pour une somme de 1,000 fr. ; Primus a sur cette somme donné un à-compte de 400 fr. ; puis, plus tard, actionné par le créancier, il oppose le bénéfice de division. Que devra-t-on diviser entre les deux cautions ? Sera-ce la somme de 1,000 fr. ou ce qui reste dû, c'est-à-dire 600 fr. ? Rigoureusement, nous devrions dire : chaque caution est obligée pour la totalité ; Primus devait donc les 1,000 fr. Un à compte a été donné par lui de 400 fr. ; que redoit-il encore ? 600 fr. Et si, sur les poursuites du créancier qui les lui demande, il réclame la division, que faudra-t-il partager ? Évidemment la somme réclamée, c'est-à-dire 600 fr., et mettre à la charge de chaque caution l'obligation de payer 300 fr. — Mais cette solution est trop rigoureuse, et, comme dit Papinien, qui prévoit la même hypothèse dans la loi 51, § 1er D. *de fidej.* : *humanius est, si et alter solvendo sit, per exceptionem ei qui solvit succurri.* —

Pothier avait admis ce tempérament d'équité (n° 420), et je crois que nous devons l'admettre aussi.

120. — La division peut être exigée par la caution poursuivie : c'est l'hypothèse que jusqu'ici nous avons toujours prévue; mais il peut se faire que le créancier divise lui-même spontanément son action et ne demande à chaque caution qu'une portion de la dette.

121. — Les effets, dans ces deux cas, ne sont pas les mêmes; car, si dans le premier, le créancier n'a à redouter que les insolvabilités survenues depuis la division prononcée par jugement (2026, *in fine*); dans le second, il prend à sa charge non-seulement les insolvabilités postérieures, mais même antérieures à la division qu'il a consentie (2027).

122. — Cette disposition de l'article 2027, je l'admets facilement : le créancier est prévenu ; ce sera à lui à voir s'il veut ou non consentir à diviser son action ; s'il y consent, de quoi peut-il se plaindre ?

123. — Mais le législateur s'est-il montré logique en mettant à sa charge les insolvabilités survenues depuis le jugement qui a prononcé la division? Et cette disposition est-elle bien en harmonie avec le principe posé dans l'article 2025? Est-elle du reste conforme à l'intention des parties? Je ne le crois pas. En principe, les cautions sont obligées chacune à toute la dette; si, pour leur venir en aide et ne pas se montrer trop rigoureux à leur égard, on leur permet d'exiger que le créancier divise son action, au moins faut-il qu'il n'en éprouve pas un préjudice trop grand. Qu'on le force à recevoir un payement partiel, je le comprends, à cause du médiocre inconvénient que cela lui procure et du grand avantage, au contraire, qu'en retirent les cautions; mais qu'on l'expose à n'obtenir qu'une portion de ce qui lui est dû, quand peut-être une ou plusieurs de ces cautions, qui, selon l'article 2025, doivent chacune la totalité, n'auront par le fait payé qu'une partie de la dette, et, quoique très-solvables, laisseront le créancier en perte; c'est ce que je ne puis admettre. On a dit, pour justifier cette disposition, que l'exception de division étant péremptoire, l'action du créancier s'est trouvée périmée pour ce qui excède la

part afférente à chaque fidéjusseur solvable (1); mais, je l'ai déjà fait remarquer, cette qualification de péremptoire donnée au bénéfice de division est purement arbitraire, et l'on ne voit pas trop pourquoi le législateur lui a attribué ce caractère. Je crois que c'est un souvenir du droit romain, mal à propos conservé chez nous, où nous n'avons plus à nous préoccuper de cette phase de la procédure que les Romains appelaient *litis contestatio* (2).

124. — La division consentie par le créancier peut être expresse ou tacite; elle est tacite, lorsqu'il reçoit volontairement et divisément la part de l'un des cofidéjusseurs, et lui en donne quittance, en spécifiant que c'est pour sa part (1211). Mais, dans ce cas, le créancier conserve son action contre les autres fidéjusseurs, à chacun desquels il peut réclamer la totalité de la dette, déduction faite toutefois de la part qu'il a reçue.

125. — Mais que faut-il décider dans l'hypothèse où c'est le créancier qui intente l'action et ne réclame à l'un des fidéjusseurs que sa part dans la dette? Cette simple demande suffit-elle pour que nous puissions dire qu'il a divisé son action et ne peut plus revenir sur cette division ? L'article 2027 semble l'établir, mais l'article 1211 exige, au contraire, pour qu'il ne soit plus permis au créancier de revenir sur sa demande, que le débiteur y ait acquiescé, ou qu'il soit intervenu un jugement de condamnation. Pour concilier ces deux textes ensemble, nous dirons : si le fidéjusseur s'est engagé solidairement, comme dans ce cas l'effet de son engagement se règle par les principes établis pour les dettes solidaires (2021), il faut appliquer l'article 1211; mais, s'il ne s'est obligé que comme l'entend l'article 2025, c'est-à-dire *in solidum*, à payer le tout, c'est l'article 2027 dont il nous faut faire l'application.

Cette solution est universellement admise (3). Je la crois excellente; car il est clair que le créancier, qui a le soin d'exiger que

(1) Voir Pothier, n° 420 et MM. Troplong, n° 310 et Dalloz, n° 233.
(2) Lois 51, § 4, et 52, § 1er, D., *De fidej.*
(3) *Sic* MM. Duranton, n° 347; Ponsot, n° 220; Dalloz, n° 228; Zachariæ, t. 3, p. 161; Troplong, n° 319 et suiv.

les cautions s'engagent solidairement entre elles, ne doit pas être
aussi facilement présumé renoncer à ses droits que le créancier
qui s'est contenté de l'engagement des cautions, en leur laissant
la faculté d'user du bénéfice de division.

CHAPITRE TROISIÈME.

—

DU BÉNÉFICE DE CESSION D'ACTIONS OU DE SUBROGATION.

126. — Nous arrivons maintenant à un troisième bénéfice, à
une troisième exception célèbre dans le droit romain, célèbre
aussi dans notre ancienne jurisprudence, mais qui s'est transfor-
mée, et qu'aujourd'hui nous ne retrouvons plus à l'état d'exception. De nos jours, et depuis la rédaction du Code, la caution n'a
plus besoin, comme par le passé, d'opposer au créancier l'exception de cession d'action ; la loi lui a assuré les mêmes avantages
que lui procurait jadis cette exception, et de plus grands encore,
comme nous le verrons tout à l'heure, au moyen d'une subrogation légale. En somme, c'est toujours un bénéfice dont la caution
est appelée à jouir ; on le nomme généralement bénéfice de subrogation.

127. — Pour bien comprendre la transformation que cette exception a subie, il faut se reporter au droit romain, dans lequel
elle a pris naissance.

Quand une personne, sur les prières d'un débiteur, consent à
le cautionner, elle entend par là lui venir en aide en facilitant ses
transactions, lui rendre service en le couvrant de son crédit ;
mais elle n'a pas l'intention de lui faire une libéralité ; de sorte
que si elle est obligée de payer pour lui, il faut que celui-ci l'indemnise. Les Romains, qui considéraient le fidéjusseur comme
un mandataire, lui donnaient, pour exercer son recours contre le
débiteur, une action dite *actio mandati contraria* ; mais on com-

prend combien souvent, en raison du peu de solvabilité du débiteur, cette action de mandat ne devait produire qu'un recours illusoire, et combien, dans le cas où la créance principale se trouvait garantie par un gage, une hypothèque ou une autre caution, il eût été avantageux pour le fidéjusseur que le créancier lui cédât ses actions et ses droits. Du reste, cette cession était d'autant plus à désirer que, tout en venant au secours de la caution, elle ne portait aucun préjudice au créancier.

128. — Les jurisprudents ne tardèrent pas à s'apercevoir de la justice et de l'utilité qu'il y avait à l'accorder ; mais une difficulté se présentait. En effet, le payement que faisait la caution en éteignant la dette éteignait aussi les accessoires ; et dès lors comment le créancier pouvait-il les céder, puisqu'ils n'existaient plus ? Les jurisconsultes romains, nous le savons, étaient habiles à tourner ces sortes de difficultés ; et ici, comme ailleurs, ils eurent recours à une fiction. Ils imaginèrent de dire que la caution ne payait pas, mais achetait en quelque sorte du créancier le droit d'exercer ses actions (1).

129. — D'abord, le créancier put se refuser à effectuer cette vente ; mais plus tard, et c'est Julien qui nous le dit (2), cela ne lui fut plus permis ; car on pensa qu'il ne pouvait avoir aucun motif valable pour refuser de vendre des actions que le payement allait éteindre, et l'on accorda à la caution le droit de repousser la demande du créancier par l'exception *cedendarum actionum*, dans le cas où celui-ci refuserait de satisfaire aux désirs de la caution.

130. — Notons toutefois que, pour que la caution pût forcer

_____

(1) *Cùm is qui et reum et fidejussores habens, ab uno ex fidejussoribus accepta pecunia præstat actiones ; poterit quidem dici nullas jam esse, cùm suum perceperit et perceptione omnes liberati sunt ; sed non ità est ; non enim in solutum accepit, sed quodammodo nomen debitoris vendidit, et ideo habet actiones, quia tenetur ad id ipsum, ut præstet actiones* (L. 36, D. *De fidej.*). Ici une nouvelle difficulté pouvait se présenter ; car à Rome on ne vendait pas les créances ; mais nous savons comment on parvint à le faire en constituant l'acheteur *procurator in rem suam*.

(2) *Fidejussoribus succurri solet, ut stipulator compellatur et qui solidum solvere paratus est, vendere cæterorum nomina* (L. 17. D., *De fidej.*).

le créancier à lui vendre ses actions, il fallait qu'elle fût prête à payer la totalité de la dette.

131. — Et puis, c'était au moment où elle allait désintéresser le créancier que la caution devait demander cette cession d'actions, et faire, avec le créancier, cette espèce de contrat de vente par lequel il était censé lui vendre sa créance et ses droits. Après, il eût été trop tard, car la remise des deniers entre les mains du créancier sans qu'aucune convention ne fût intervenue, aurait été un payement pur et simple, extinctif de la dette ; et, dès lors, le créancier n'aurait plus rien eu à vendre ni à céder.

132. — Cet état du droit romain passa dans notre ancienne jurisprudence, où l'on admit aussi, par les mêmes considérations de justice et d'équité, que le payement devant éteindre la créance, il fallait, par un moyen détourné, et en ayant recours à l'idée d'une vente fictive, la faire passer du créancier à la caution, qui, en payant, demandait à se trouver investie des droits et actions de ce créancier. Mais, comme en droit romain, il fallait qu'elle le demandât, et ce avant d'avoir payé.

133. — Dumoulin, au XVIᵉ siècle, fut le premier qui proposa de permettre à la caution de réclamer après coup les actions que pouvait avoir le créancier, se fondant sur cette raison que le fidéjusseur, en effectuant un payement forcé, ne pouvait être censé renoncer à son droit. Il alla même plus loin, et demanda que cette cession d'actions fût présumée, alors même qu'il ne serait intervenu entre les parties aucune convention expresse. Mais Dumoulin eut le tort de chercher à appuyer ces idées nouvelles sur des textes romains qui, assurément, ne disaient pas ce qu'il voulait leur faire dire (1). Aussi ces idées, quoique très-bonnes par leur simplicité et leur utilité pratique, furent-elles généralement combattues et repoussées, jusqu'à ce qu'enfin les

(1) Voir Pothier, nᵒ 280. Il cite plusieurs lois, qui, selon son sentiment et celui de tous les docteurs, établissent d'une manière évidente que la subrogation n'a pas lieu de plein droit, et dans lesquelles cependant Dumoulin tenait à voir le contraire. Ce sont les lois 76 de solution ; 1ʳᵉ, § 13 De tut. et ration. distrah. Quant aux lois 30 De fidej. au Dig. et 11 au Code De fidej., il les regarde comme ne souffrant aucune réplique.

rédacteurs du Code, libres d'adopter tel ou tel système, suivant qu'ils le jugeraient conforme à la justice et à la raison, eussent admis les hardiesses du célèbre professeur de Dôle.

131. — C'est ainsi que nous lisons dans l'article 1251 que la subrogation a lieu de plein droit : 3° au profit de celui qui, étant tenu avec d'autres ou pour d'autres au payement de la dette, avait intérêt à l'acquitter.

133. — L'article 2029 reproduit la même idée dans ces termes : La caution qui a payé la dette est subrogée à tous les droits qu'avait le créancier contre le débiteur. Mais je ferai remarquer qu'ici cette rédaction est moins heureuse, car il semble résulter des expressions employées que la caution est subrogée seulement dans les droits que le créancier peut avoir contre le débiteur principal. Ici l'on s'est trop préoccupé de l'idée du recours contre le débiteur ; mais il est évident que la caution qui a payé peut jouir de tous les droits et actions du créancier, qu'elles soient personnelles ou réelles, qu'elles consistent en un gage, une hypothèque ou un recours contre un autre débiteur solidaire ou une autre caution. L'article 1251 suffisait ; en tous cas, il complète l'article 2029.

136. — Nous n'avons pas à nous occuper, à part, de l'exception de cession d'actions ou bénéfice de subrogation ; il se rattache par des liens si intimes au recours de la caution contre le débiteur que nous aimons mieux le réunir à cette matière, qui fait, du reste, l'objet du chapitre suivant.

CHAPITRE QUATRIÈME.

—

DU RECOURS QUE LA CAUTION PEUT EXERCER CONTRE LE DÉBITEUR.

137. — Lorsque la caution sur les poursuites du créancier a acquitté la dette, elle doit avoir un recours contre le débiteur

pour se faire indemniser. Le recours implique donc une idée de préjudice au détriment de celui qui l'exerce, puisqu'il a pour but de lui procurer une indemnité.

138. — Cependant, dans l'article 2032, nous voyons la loi accorder à la caution, pour se faire indemniser, le droit d'agir contre le débiteur, même avant d'avoir payé. Ces expressions : *pour être par lui indemnisée*, ne sont pas exactes; car quel recours peut exercer le fidéjusseur qui n'a encore subi aucun préjudice, et quelle indemnité peut-il réclamer? Ce que la loi a voulu accorder et accorde en effet aux cautions, c'est la faculté de se mettre à l'abri de l'insolvabilité du débiteur, de prévenir, par conséquent, le préjudice et de rendre inutile un recours subséquent.

139. — Les actions que l'article 2032 confère à la caution contre le débiteur ne sont donc pas des actions en recours. Toutefois, comme, après tout, elle ne les exerce contre lui que dans un but semblable, celui de sortir du cautionnement complétement indemne, si faire se peut, nous préférons ne pas en faire un chapitre à part et diviser la matière des recours de la caution contre le débiteur en deux sections dont la première comprendra le recours proprement dit, et la seconde les actions en décharge ou en garantie dont parle l'article 2032.

SECTION PREMIÈRE.

Du recours proprement dit.

140. — Nous avons sous cette rubrique à examiner :

1° Quelles sont les actions au moyen desquelles la caution peut exercer son recours ;

2° Quelle est l'étendue de ce recours ;

3° Quelles sont les personnes contre lesquelles la caution peut agir ;

4° Quelles sont les conditions auxquelles il lui est permis d'user du recours que la loi lui accorde.

C'est ce qui va faire l'objet des quatre paragraphes suivants :

§ 1er. — *Des actions au moyen desquelles la caution peut exercer son recours.*

141. — La caution a plusieurs actions pour se faire indemniser ; elle peut agir soit à l'aide d'une action de mandat ou de gestion d'affaires née du payement qu'elle a fait au créancier (2028), soit comme subrogée à tous les droits de ce dernier (2029).

142. — Examinons ces deux actions à part.

La caution peut agir au moyen d'une action de mandat ou de gestion d'affaires née du payement qu'elle a fait au créancier ; par l'action de mandat, lorsqu'elle a cautionné le débiteur sur sa prière ou à son su ; par l'action de gestion d'affaires, quand elle est intervenue dans l'absence et à l'insu du débiteur.

143. — Mais *quid* dans le cas où ce sera contre la volonté du débiteur que la caution se sera engagée envers le créancier ? Si elle acquitte la dette, lui accorderons-nous un recours contre le débiteur ? En droit romain, les jurisconsultes étaient divisés sur cette question. Les uns lui donnaient une action directe ou utile ; mais les autres ne lui en concédaient aucune. C'est ainsi que dans la loi 40 au Digeste *Mandati* nous voyons Paul, d'accord sur ce point avec Pomponius, lui refuser complétement toute action : *Si pro te præsente et vetante fidejusserim, nec mandati actio, nec negotiorum gestorum est ; sed quidam utilem putant dari oportere ; quibus non consentio secundùm quod et Pomponio videtur.* Papinien, dans la loi 53 du même titre, donne une décision semblable ; *nec me movet*, dit-il, *quòd pecunia fidejussoris reus liberetur.* Enfin, Justinien, dans la loi 24 au Code *De negotiis gestis*, voulant faire cesser toute controverse, déclare que dans le cas où le propriétaire s'oppose à ce que quelqu'un prenne la gestion de ses affaires, si malgré cette défense celui-ci l'a prise, *nulla erit adversùs dominum vel directa, vel utilis contraria actio, licet res benè gestæ sint.* Cette question dé-

battue dans le droit romain l'a été aussi dans notre ancien droit ; elle n'est pas encore résolue de nos jours.

144. — Les auteurs qui refusent toute action à celui qui cautionne un débiteur malgré lui s'appuient sur une présomption de libéralité de sa part ; *donâsse censetur*. Sans doute, si celui-ci n'est intervenu qu'*animo donandi*, on ne peut lui accorder aucun recours contre le débiteur qu'il a voulu gratifier ; mais, nous le savons, les libéralités ne doivent pas se présumer. Aussi, toutes les fois que l'intention de donner ne sera pas évidente, mon opinion est-elle que la caution, après avoir payé, pourra se faire indemniser par le débiteur ; non pas, il est vrai, de la manière étendue dont parle l'article 2028, mais dans les limites du profit que le débiteur aura retiré de sa libération ; car personne ne doit s'enrichir aux dépens d'autrui (1).

145. — M. Mourlon, page 408 de son Traité sur la subrogation, donne une décision semblable. Comme nous, toutes les fois qu'il n'est pas démontré que la caution a voulu faire une libéralité au débiteur, il accorde un recours à cette caution ; mais l'étendue de l'action qu'il lui donne est selon lui plus ou moins grande, suivant que la défense faite par le débiteur a été ouï ou non le résultat d'un entêtement ridicule. Lorsqu'il est prouvé que la résistance de ce débiteur a été peu raisonnable et qu'en intervenant malgré lui on lui a été réellement utile, M. Mourlon accorde à celui qui l'a ainsi cautionné *tous les droits* d'une caution ordinaire, par conséquent même celui de demander des dommages et intérêts au delà du taux légal (2028) ; tandis que, dans le cas contraire, il ne lui donne qu'une action *de in rem verso* pour se faire indemniser jusqu'à concurrence du profit que le débiteur a retiré de sa libération.

146. — Pour moi, je ne crois pas qu'il faille ici faire cette distinction. Qui pourrait, d'ailleurs, apprécier si la défense faite par

(1) J'ajouterai que l'article 2029 ne distinguant pas, elle sera comme toute autre caution subrogée aux droits du créancier pour obtenir d'une manière plus sûre le montant de ce qu'elle peut répéter. Je trouve la même décision dans M. Mourlon, page 408 de son Traité sur la subrogation.

le débiteur était raisonnable ou non ! Ne peut-il pas arriver qu'il ait des raisons, dont lui seul est le juge et qu'il veut tenir secrètes, pour se refuser absolument à recevoir aucun bienfait de la personne qui prétend le cautionner malgré lui ? En présence d'une défense formelle, je ne comprends pas l'acharnement que cette caution met à vouloir rendre service au débiteur ; et dans le cas où elle parvient à lui être utile, je ne   pas pourquoi elle pourrait exiger de lui autre chose que ce dont il s'est enrichi.

147. — La caution peut encore agir comme subrogée à tous les droits du créancier. Elle a donc deux actions : l'une qui lui est propre, l'action de mandat ou de gestion d'affaires ; l'autre qui appartient au créancier, que celui-ci lui transmet avec tous les avantages qui y sont attachés, et qu'elle pourra exercer comme il aurait pu le faire lui-même.

148. — Le payement que la caution a fait entre les mains du créancier est une opération qui produit des effets divers suivant qu'on envisage la caution dans ses rapports avec le créancier ou avec le débiteur. Vis-à-vis du créancier, ce payement est un véritable payement extinctif de la dette : mais à l'égard du débiteur ou de ses ayants cause, il laisse subsister la créance qui passe avec les accessoires qui la garantissent aux mains de la caution pour lui assurer un recouvrement plus facile et plus sûr de ce qu'elle a avancé.

149. — Toutefois, cette subrogation de la caution dans tous les droits du créancier ne doit profiter qu'à elle. Pothier le faisait déjà remarquer ; et j'ajouterai : elle ne doit nuire à personne.

150. — Elle ne profite qu'au fidéjusseur, en ce sens que si la subrogation n'avait pas eu lieu, les autres cautions, ainsi que les tiers possesseurs d'immeubles hypothéqués à la dette se seraient trouvés déchargés ; tandis qu'ils ne le sont pas, puisque, à leur égard, la créance et ses accessoires sont réputés exister encore.

151. — Mais s'ils ne sont pas complétement déchargés, souvent il arrivera que cette subrogation aura pour but de rendre leur position meilleure ; du reste, elle ne doit jamais avoir pour effet de la rendre pire. Je m'explique : Supposons que le créan-

cier ait prêté de l'argent à un débiteur commerçant au taux de
6 p. 0/0 ; comme la caution qui a payé la dette n'a droit qu'à
l'intérêt légal de 5 p. 0/0, c'est seulement cet intérêt moins fort
dont seront tenues les autres cautions et qu'elle pourra réclamer
par privilége ou hypothèque ; car ce n'est que pour obtenir ce
qu'elle a déboursé qu'il lui est permis d'exercer les droits et actions auxquels elle a été subrogée. La position des cautions et
des tiers devient donc ici meilleure ; le débiteur en a aussi
profité.

152. — J'ai dit, en second lieu, que l'effet de la subrogation
ne pouvait pas rendre pire leur condition. En effet, si la créance
principale ne produisait pas d'intérêts, bien que la caution puisse,
en vertu de l'article 2001, en exiger du débiteur, au moyen de
l'action qui lui est propre, elle ne pourrait pas, comme subrogée
aux droits du créancier, se les faire payer par privilége ou hypothèque, puisque ces garanties n'assuraient le payement que
d'une créance improductive d'intérêts. On ne lui permettrait pas
davantage de se prévaloir de la subrogation pour réclamer, au
moyen des priviléges dont jouissait le créancier, les dommages-
intérêts auxquels aurait été condamné le débiteur envers elle
(2028). Donc, dans ces deux exemples, la condition des cautions
et des tiers n'a pas été empirée.

153. — La subrogation ne peut pas non plus nuire au créancier. Ainsi qu'un créancier d'une somme de 20,000 francs ga-
rantis par une caution et une hypothèque consente à recevoir de
la caution la moitié de cette somme, celle-ci, quoique subrogée
pour moitié, ne pourra pas lui porter préjudice dans le cas, où le
débiteur étant venu à tomber en faillite ou en déconfiture, on
aurait procédé à la vente de l'immeuble hypothéqué. La caution
ne sera admise ni à primer le créancier ni à concourir avec
lui. De telle sorte que, si l'adjudication a produit, par exemple,
25,000 francs, le créancier devra prélever 10,000 francs pour
compléter la somme qui lui est due, en laissant en son lieu et
place le subrogé primer les autres créanciers hypothécaires postérieurs. Mais, on le comprend, pour que ceux-ci n'aient pas à
souffrir de l'opération, le subrogé ne peut prendre que ce qui

5

reste de la somme garantie par l'hypothèque ; dans l'espèce, 10,000 francs.

154. — Pourquoi la caution subrogée n'a-t-elle ainsi aucun droit vis-à-vis du créancier qu'elle a désintéressé pour partie? C'est parce que le payement qu'elle a fait entre ses mains a produit les effets du payement ordinaire, et que, si l'on considère cette portion de créance comme existant encore avec ses accessoires, c'est uniquement pour faciliter le recours de la caution, sans lui donner les moyens de nuire au créancier. Car *nemo contrà se subrogasse censetur* (1252).

155. — Toutefois, le créancier n'a le droit de primer le subrogé que pour arriver à compléter la somme cautionnée dont le fidéjusseur ne lui a payé qu'une partie. Ce droit cesserait s'il voulait, en repoussant la caution, se ménager par là le payement d'une créance postérieure. Voici l'hypothèse : Titius emprunte 10,000 francs à Paul, et lui donne, pour garantir cette dette, une caution, et, sur un de ses immeubles, une hypothèque que le créancier fait inscrire ; quelque temps après, Titius a encore besoin d'argent, et il emprunte de nouveau 10,000 francs à Paul, qui reçoit une nouvelle hypothèque et la fait également inscrire. La caution a acquitté en partie la dette cautionnée ; elle a donné 5,000 francs au créancier, et l'immeuble hypothéqué est vendu sur le débiteur. Paul pourra-t-il primer le créancier non-seulement pour ce qui reste dû de la dette cautionnée, mais aussi pour les 10,000 francs prêtés postérieurement, en disant : *Nemo contrà se subrogasse censetur?* Non, il ne le pourra pas; car ici la caution aurait à lui répondre : J'ai dû compter sur l'hypothèque qui assurait la dette que j'ai cautionnée; vous n'avez pu, par un arrangement postérieur avec le débiteur, me faire perdre cette garantie (2037).

156. — L'article 2029 nous dit que la caution est subrogée à tous les droits qu'avait le créancier contre le débiteur; il ne faut donc pas distinguer entre les droits qu'il avait lorsque la caution s'est engagée et ceux qu'il n'a acquis que depuis.

Est-il juste qu'elle soit subrogée ainsi, même aux garanties qui n'existaient pas quand elle est intervenue? Les uns disent non, car elle n'a pas dû y compter ; les autres oui, parce qu'au contraire ils admettent qu'elle a dû compter sur la vigilance du créancier et sur son désir de se procurer des sûretés nouvelles (1). Pour moi, tout en pensant que la caution n'a pas dû s'attendre à voir le créancier rechercher de nouvelles garanties (voir n° 78 et Pothier n° 820), je trouve cependant équitable de lui permettre d'en user lorsqu'elles existent au moment où elle paye. Je le trouve équitable, parce qu'il me semble que les raisons qui ont fait admettre que la caution devait être subrogée aux droits du créancier s'appliquent également au cas qui nous occupe. Pourquoi laisser éteindre ces garanties, quand, sans nuire à personne, on peut les faire passer à la caution à qui peut-être elles vont être si utiles ?

187. — Comme je n'admets pas que la caution a dû compter sur l'acquisition de nouvelles sûretés de la part du créancier, je dirai que celui-ci est libre d'y renoncer sans que la caution puisse tirer contre lui aucun parti de l'article 2037.

138. — Comme conséquence que c'est à tous les droits du créancier que la caution est subrogée, on dit généralement (2) qu'elle se trouve aussi l'être au droit de demander la résolution d'une vente dont elle aurait cautionné le payement du prix. Mais j'ai bien de la peine à adopter cette solution. Je vois bien qu'elle découle rigoureusement des expressions du texte : la caution est subrogée à tous les droits du créancier, donc elle doit l'être aussi au droit de demander la résolution. Toutefois, plus je considère la nature de l'engagement du fidéjusseur, dont l'intervention est toute de bienveillance et de générosité, et n'a lieu que dans le but de rendre service au débiteur, moins je crois possible d'admettre qu'il lui soit permis de demander la résolution d'une vente, et de prendre ainsi pour lui un marché peut-être très-avantageux fait par le débiteur qu'il a cautionné. Quand la caution a payé, il est juste qu'on l'indemnise ; or, lui rembourser les avances qu'elle a faites est la meilleure indemnité qu'on puisse lui donner : c'est

---

(1) Voir M. Mourlon, page 412 de son *Traité sur la subrogation*.
(2) Voir M. Mourlon, page 57 de son *Traité sur la subrogation*.

celle à laquelle elle s'attendait ; c'est même la seule sur laquelle elle a dû compter. Qu'a-t-elle besoin de demander la résolution de la vente ? N'a-t-elle pas à exercer le privilége du vendeur ?

159. — Du reste, si plusieurs auteurs accordent facilement à la caution le droit de demander la résolution de la vente, ils lui refusent celui d'exiger la résolution d'un contrat de bail dans le cas où elle serait forcée d'acquitter les fermages que le fermier ne payerait pas. Mais ici la raison de décider est tout autre : on craint que la résolution du bail ne nuise au créancier intéressé à maintenir le contrat. Or, nous le savons, la subrogation ne doit pas nuire au créancier.

160. — La caution qui a payé peut exercer son recours, soit en usant de l'action qui lui est propre, soit en agissant comme subrogée aux droits du créancier. Mais comme ces actions tendent au même but, qui est celui de la rendre indemne, si elle arrive à ce résultat au moyen d'une seule action, toutes les autres s'éteignent.

161. — Quoique la subrogation soit d'un grand secours pour le fidéjusseur, puisqu'elle lui permet d'arriver d'une manière plus sûre au recouvrement de ses déboursés, il ne faut pas croire que l'action de mandat ou de gestion d'affaires, dont il peut aussi user, soit sans aucun mérite. En effet, et je l'ai déjà fait remarquer plus haut [n° 132], il est des sommes qui, n'étant pas garanties comme la dette principale, ne peuvent être répétées par la caution comme subrogée aux droits du créancier, et pour la réclamation desquelles elle doit agir en vertu de l'action qui lui est propre. Ces sommes peuvent être ou les intérêts dus selon l'article 2001 dans le cas où la dette cautionnée n'en produisait aucun, ou en produisait de moins forts, ou les frais avancés par la caution, ou bien encore les dommages et intérêts auxquels aurait été condamné le débiteur envers celle-ci, comme le prévoit l'article 2028.

162. — Voyons maintenant par quel laps de temps vont se prescrire les actions de la caution. Partisan du système dans lequel on considère la créance comme n'étant pas éteinte, mais passant, au contraire, avec tous ses accessoires, du créancier au

fidéjusseur, pour que celui-ci en use, comme le créancier aurait pu le faire lui-même, je me garderai bien de confondre les deux actions dont le fidéjusseur est armé, et qu'il peut exercer à son choix. Quant à l'action de mandat ou de gestion d'affaires, action qui lui est propre et qui est née du payement qu'il a fait au créancier, il pourra s'en servir pendant trente ans ; mais il recevra l'action du créancier telle qu'elle existait entre les mains de celui-ci, avec ses avantages comme avec ses chances défavorables résultant, par exemple, d'une prescription sur le point de s'accomplir. Pour moi, le fidéjusseur est mis au lieu et place du créancier subrogeant ; il est, pour ainsi dire, quant à cette créance, le continuateur de sa personne ; il peut donc, en cette qualité, s'adresser à ceux contre lesquels il est subrogé, interrompre ainsi la prescription à leur égard, et la suspendre s'il se trouve être mineur ou interdit au moment de la subrogation.

163. — Il se peut que la caution ait payé en l'acquit du débiteur, non-seulement la dette cautionnée, mais encore les intérêts arriérés de cette dette. Bien que ces intérêts se prescrivent par cinq ans au profit du débiteur vis-à-vis du créancier, comme pour la caution, ce qu'elle a déboursé, qu'on l'affecte à l'extinction de la dette principale ou des intérêts, n'en est pas moins un capital ; la réclamation de ce capital entier au moyen de l'action de mandat ou de gestion d'affaires ne se prescrira que par 30 ans.

164. — Si une hypothèque a été affectée à la garantie de cette créance productive d'intérêts, la caution pourra, comme le créancier l'aurait pu lui-même, se faire, en vertu de l'article 2151, colloquer pour les intérêts de deux années et de l'année courante. Elle jouira en outre des hypothèques résultant des inscriptions particulières dont parle l'article 2151 *in fine* et que le créancier aurait eu le soin de prendre. Si le créancier s'est montré négligent à cet égard, on doit accorder à la caution le droit de prendre elle-même ces inscriptions qui porteront alors hypothèque à compter de leur date.

165. — Par la même raison que nous donnions tout à l'heure que pour la caution, tout ce qu'elle a déboursé forme un capital, nous dirons que si elle a payé des intérêts dus pour moins d'une

année, le débiteur lui devra les intérêts de ces intérêts, quoique le créancier n'eût pu les exiger dans les mêmes circonstances. C'est l'application de la disposition de l'article 1155.

§ II. — *De l'étendue de ce recours.*

166. — L'article 2028 est ainsi conçu : Ce recours a lieu tant pour le principal que pour les intérêts et les frais ; néanmoins la caution n'a de recours que pour les frais par elle faits depuis qu'elle a dénoncé au débiteur principal les poursuites dirigées contre elle. Elle a aussi recours pour les dommages et intérêts, s'il y a lieu.

Ainsi la caution peut recourir contre le débiteur :

167. — 1° *Pour le principal.....* Mais seulement jusqu'à concurrence de ce qu'elle a payé. (Voir au n° 203 le sens qu'il faut donner à cette expression.) Si, pour libérer le débiteur, elle n'a eu besoin d'acquitter qu'une portion de la dette, c'est cette somme seulement qu'elle pourra réclamer, car elle ne spécule pas comme l'acheteur de créances; son but est de rendre service au débiteur, et tout ce qu'elle peut exiger, c'est que son intervention généreuse ne la constitue pas en perte.

168. — 2° *Pour les intérêts.....* Aussi bien pour les intérêts que le débiteur devait au créancier et qui, comme nous l'avons fait remarquer [n° 163], ne forment plus quant à elle qu'un capital, que pour les intérêts que doit lui payer le débiteur, en vertu de l'article 2001.

169. — Les intérêts des sommes déboursées par la caution lui sont dus de plein droit, *ipso jure*, lorsqu'elle a payé en qualité de mandataire du débiteur. Il en doit être de même si elle a agi comme gérant d'affaires, car, du moment qu'il y a eu utilité à acquitter la dette, peu importe que le payement ait été fait par un mandataire ou un gérant d'affaires. Mais les intérêts ne seront dus que du jour de la demande, si la caution qui a libéré le débiteur s'était engagée malgré lui.

170. — 3° *Pour les frais.....* En effet, la caution a pu dé-

bourser une certaine somme pour les frais, soit parce qu'elle en
a fait l'avance en demandant le bénéfice de discussion ; soit parce
qu'ayant donné un cautionnement indéfini, elle a été obligée, à
la suite de poursuites infructueuses exercées par le créancier
contre le débiteur, de payer tous les frais faits postérieurement à
la dénonciation des poursuites, comme ceux de la première demande (2010), soit enfin parce qu'elle en a fait elle-même pour
se faire indemniser par le débiteur. L'article 2028 ajoute : Néanmoins la caution n'a de recours *que* pour les frais par elle faits
depuis qu'elle a dénoncé au débiteur principal les poursuites dirigées contre elle, ce qui semblerait exclure le recours pour tous
autres frais que ceux dont elle parle. Il y a là une légère erreur
de rédaction ; les rédacteurs ont voulu dire : La caution n'a de
recours pour les frais par elle faits que pour ceux qu'elle a faits
depuis, etc.

171. — Cette restriction apportée au droit de la caution de réclamer les frais qu'elle a payés est très-équitable. Peut-être
a-t-elle mal à propos contredit la prétention du créancier ; peut-
être a-t-elle fait faire des frais inutiles ; si elle a averti le débiteur
des poursuites exercées contre elle et que celui-ci les laisse con-
tinuer sans payer, lui seul est en faute et lui seul doit supporter
les conséquences du retard qu'il met à acquitter la dette ; mais si
elle a contesté la demande du créancier sans la dénoncer au débiteur, celui-ci serait autorisé à lui dire : Pourquoi ne m'avez-
vous pas averti des poursuites ? Si vous me les aviez dénoncées,
j'aurais payé et vous n'auriez pas fait inutilement des frais ; je ne
dois donc pas vous en tenir compte.

172. — Remarquons que l'article 2028 refuse à la caution un
recours pour les frais *faits par elle* avant la dénonciation des
poursuites ; par conséquent, le débiteur devrait lui rembourser
les frais de la première demande, car ceux-là ont été faits par le
créancier. L'article 2010 fait la même distinction, et cela est très-
raisonnable ; en effet, lorsque la loi exige une dénonciation des
poursuites, on ne peut être en faute de ne l'avoir pas faite qu'autant qu'on est poursuivi.

173. — 4° *Pour les dommages-intérêts, s'il y a lieu.....* Il y

aura lieu dans les cas où la caution aura eu à souffrir de l'inexécution de l'obligation de la part du débiteur. Ainsi, celui-ci n'ayant pas payé, la caution a été obligée d'emprunter de l'argent au prix d'assez forts sacrifices; on aura vendu ses biens dans un temps inopportun ; contraignable par corps on l'aura emprisonnée : dans tous ces cas elle a souffert un préjudice que les tribunaux apprécieront et pour lequel le débiteur lui doit indemnité.

174. — Dans les obligations qui se bornent au payement d'une certaine somme, les dommages et intérêts résultant du retard dans l'exécution ne consistent jamais que dans la condamnation aux intérêts fixés par la loi, dit l'article 1153. Mais ce même article ajoute : sauf les règles particulières au commerce et au cautionnement. Aussi, bien que l'objet de l'obligation cautionnée se borne au payement d'une somme d'argent, devons-nous dire que la caution, dans les cas que nous prévoyions tout à l'heure ou tous autres semblables, pourra réclamer du débiteur non-seulement les intérêts légaux, mais encore une certaine somme en sus à titre de dommages-intérêts.

175. — Pourquoi le législateur a-t-il fait exception à la règle qu'il portait dans l'article 1153, en faveur de la caution? C'est parce que, vis-à-vis du débiteur, elle se trouve être un créancier tout à fait favorable et dans des conditions à part. Elle n'a pas cherché à faire un placement de son argent ; son but a été de rendre service; son intervention était complétement désintéressée: par conséquent, si elle souffre un préjudice, il faut qu'on l'indemnise, car *nemini suum officium damnosum esse debet*.

176. — Mais alors que déciderons-nous, si le cautionnement n'a été consenti qu'à titre onéreux? Dans ce cas, M. Delvincourt pense qu'il faut appliquer la disposition de l'article 1153; mais je ne suis pas de cet avis et je crois, avec M. Duranton, que, même dans ce cas, la caution pourra exiger des dommages-intérêts en dehors des intérêts légaux. M. Duranton fait remarquer avec beaucoup de raison que, tout en payant un prix pour le cautionnement, le débiteur ne s'obligeait pas moins à remplir son engagement envers le créancier et à prévenir par là le dommage qui

est venu atteindre la caution. Remarquons, du reste, que l'article 2028 ne distingue pas.

§ III. — Des personnes contre lesquelles la caution peut agir.

177. — Si une caution a payé entre les mains du créancier, elle se trouve subrogée à tous ses droits (1251-3° et 2029). Or, un créancier peut s'adresser non-seulement au débiteur principal ou aux débiteurs principaux, mais encore aux cautions, ainsi qu'aux tiers détenteurs d'immeubles hypothéqués à la dette. Examinons si la caution pourra recourir également contre les mêmes personnes et comme le créancier pouvait le faire lui-même :

178. — Quant au débiteur principal, il est clair que la caution sera subrogée contre lui ; l'article 2029 le dit formellement. Cette subrogation lui sera utile dans le cas où le débiteur aurait encore entre les mains l'immeuble hypothéqué à la dette, dans le cas aussi où un meuble aurait été remis en gage, ou un immeuble donné en antichrèse par le débiteur au créancier.

179. — Mais il peut se faire qu'il y ait plusieurs débiteurs principaux : ou ils sont engagés conjointement, ou ils le sont solidairement.

180. — 1° Ce sont des débiteurs conjoints. Si la caution qui a payé les a tous cautionnés, elle ne peut, comme le créancier lui-même, demander à chacun que sa part et portion. Si elle n'en a cautionné qu'un ou plusieurs, mais pas tous, c'est seulement à celui ou ceux qu'elle a cautionnés qu'il lui est permis de s'adresser, et toujours pour la part dont chacun est tenu dans la dette. Dans ces différents cas, quant aux personnes à poursuivre et à la part que chacune d'elles doit supporter dans les déboursés, il n'y a pas d'intérêt pour la caution d'être subrogée ou non ; car, avec son action de mandat ou de gestion d'affaires, elle peut arriver au même résultat ; la subrogation ne peut lui être utile ici que quant aux garanties particulières qu'aurait pu donner chaque débiteur au créancier.

181. — 2° Ce sont des débiteurs solidaires. Si la caution qui

a payé les avait tous cautionnés, elle a contre chacun d'eux un recours pour la répétition du total de ses déboursés (2030).

182. — Mais *quid* si elle n'en avait cautionné que quelques-uns ? Pourra-t-elle agir, pour la totalité, non-seulement contre chacun de ceux dont elle est la caution, mais encore contre chacun des autres qu'elle n'avait pas cautionnés ? Cette question controversée, je l'avais d'abord résolue par l'affirmative, et il me semblait facile de pouvoir soutenir jusqu'au bout l'opinion que j'avais adoptée. Mais, plus tard, je me suis aperçu qu'elle ne pouvait pas se défendre en présence d'un argument tiré de l'article 1252, et qu'il fallait bien reconnaître que la caution ne devait avoir contre les débiteurs solidaires non cautionnés par elle qu'un recours fractionné.

Les auteurs qui sont de cet avis ont, je crois, le tort de ne pas mettre assez en évidence cet argument qui m'a semblé sans réplique, et sur lequel, cependant, ils ne s'appuient, quand toutefois ils l'invoquent (1), qu'après avoir fait valoir des considérations qui, pour moi, n'étaient et ne sont encore rien moins que décisives. Ainsi, pour soutenir leur opinion, ils se fondent sur les articles 1213 et 1214 et sur l'article 2030, dont ils tirent un argument *à contrario*.

183. — Dans les articles 1213 et 1214, de ce que la dette, se divisant de plein droit entre les codébiteurs solidaires, celui qui l'a acquittée en totalité ne peut répéter contre les autres que les part et portion de chacun d'eux, ils concluent que, par analogie, la caution qui a payé ne devra aussi avoir qu'un recours partiel ; car, disent-ils, elle ne peut pas exercer un recours plus étendu que celui dont auraient pu user les débiteurs eux-mêmes qu'elle a cautionnés et aux droits desquels elle se trouve subrogée.

184. — En effet, je lis dans M. Dalloz, n° 257 : « Cela s'induit « (la solution qu'il donne) des articles 1213 et 1214, suivant les-« quels l'obligation contractée solidairement se divise de plein

---

(1) M. Troplong le fait valoir ; mais les auteurs dont je cite plus loin quelques passages n'en font pas mention.

« droit entre les débiteurs; de même que le codébiteur d'une dette
« solidaire, qui l'a payée en entier, ne peut répéter contre les
« autres que la part de chacun d'eux; de même, et par identité
« de raison, la caution de l'un des codébiteurs solidaires, qui a
« acquitté toute la dette, ne doit avoir, contre les autres débi-
« teurs, que les recours partiels qui compéteraient à celui qu'elle
« a cautionné et dont elle exerce les droits, s'il avait lui-même
« désintéressé le créancier. »

185. — Je lis encore dans M. Troplong (n° 379) : « Si le dé-
« biteur cautionné avait payé lui-même, aurait-il un recours
« pour le total contre ses codébiteurs solidaires? Non. D'après
« l'article 1214, il ne pourrait répéter que sa part et portion (1).
« Donc, le fidéjusseur qui a payé à sa place et qui exerce ses
« droits n'aura qu'un recours limité et partiel. »

186. — Puis, c'est M. Ponsot qui, dans son n° 261, après s'être
posé la question et avoir dit qu'au premier coup d'œil il semblerait qu'on devrait accorder à la caution le droit d'agir solidairement, même contre les codébiteurs solidaires qu'elle n'a point
cautionnés, puisque l'action qu'elle exerce n'est point son action
personnelle de mandat ou de gestion d'affaires, s'exprime ainsi :
« Cependant, si l'on observe que le débiteur solidaire cautionné
« qui aurait payé, ne pourrait pas exercer solidairement l'action
« du créancier contre chacun de ses codébiteurs, mais seulement
« répéter contre ceux-ci leur part contributoire dans la dette com-
« mune (1214), ne paraît-il point naturel de n'accorder, à la cau-
« tion qui paye à la place du débiteur qu'elle a garanti, qu'une
« subrogation limitée comme était celle à laquelle ce débiteur
« aurait eu droit, s'il avait payé. »

187. — Enfin, M. Duranton (n° 355), nous dit : « La caution
« qui a payé la dette ne doit avoir, contre les débiteurs solidaires
« qu'elle n'a pas cautionnés, qu'une action divisée, en proportion

_____

(1) Je remarque, en passant, cette expression qui est inexacte Ce n'est pas
sa part et portion que le codébiteur, qui a payé le tout, réclame, c'est la part
et portion de chacun des autres débiteurs Évidemment il y a là une erreur
de rédaction.

« de leur part virile dans la dette, et en raison aussi de la part
« qu'ils devraient supporter dans la perte résultant de l'insolva-
« bilité de tel ou tel des codébiteurs, conformément aux arti-
« cles 1213 et 1214, car elle est subrogée aux droits des débi-
« teurs qu'elle avait cautionnés. Or, ceux-ci, s'ils avaient eux-
« mêmes payé la dette, auraient eu, contre leurs codébiteurs,
« un semblable recours. »

188. — On le voit, la grande raison pour laquelle on ne veut
pas que la caution puisse agir pour le tout contre les débiteurs
solidaires non cautionnés par elle, c'est qu'elle exerce les droits
de ceux pour lesquels elle est intervenue, et que ceux-ci ne pour-
raient avoir contre leurs codébiteurs qu'un recours fractionné.
Mais, est-ce bien là répondre à la question posée ? Évidemment
non. Il s'agit de savoir si la caution peut agir comme subrogée
aux droits du créancier, et, par conséquent, à celui de demander
la totalité à n'importe quel débiteur solidaire ; et l'on décide
qu'elle ne le peut pas, parce qu'elle exerce les droits des codébiteurs qu'elle a cautionnés !

Sans doute elle ne le peut pas, si elle agit comme subrogée
aux droits de ces débiteurs, puisque l'article 1214 s'y oppose ;
mais le pourra-t-elle si elle se présente comme subrogée aux
droits du créancier ? Là est toute la question, à laquelle on ne
répond nullement avec le motif tiré des articles 1213 et 1214.

189. — Quant à l'argument à *contrario* puisé dans l'article 2030, voici comment on le formule : Si la caution a un
recours pour la répétition du total contre chacun des débiteurs
solidaires dans le cas où elle les a tous cautionnés, lorsqu'elle
ne les a pas *tous* cautionnés, elle n'a pas contre chacun d'eux un
recours pour le total.

Il ne faut pas attacher une grande importance à l'argument à
contrario. Tout le monde le reconnaît, et avec raison ; car cet
argument, précisément à cause de la façon dont il opère, ne doit
le plus souvent conduire qu'à des résultats inexacts, et auxquels
ceux dont on renverse ainsi la rédaction n'ont pas dû songer.
C'est ce qui arrive ici. L'article 2030 ne fait que reproduire une
proposition émise par Pothier, au n° 440 de son *Traité sur les*

obligations. Or, dans ce n° 440, Pothier ne se préoccupe nullement de la subrogation ; il parle de l'action de mandat ou de gestion d'affaires ; et il dit que la caution peut, au moyen de ces actions : « agir contre chacun des débiteurs principaux qu'elle a « cautionnés pour la répétition du total de ce qu'elle a payé ; car « chacun de ces débiteurs principaux étant débiteur du total de la « dette envers le créancier, la caution, en se rendant caution pour « chacun d'eux, et en payant, a libéré chacun d'eux du total, et, « par conséquent, elle a droit de conclure solidairement, contre « chacun d'eux, au remboursement du total de ce qu'elle a payé. » Cette décision est très-juste, et les rédacteurs du Code ont eu raison de la reproduire dans l'article 2030. Elle est, du reste, conforme à cette règle établie au titre du mandat, article 2002, suivant laquelle chacune des personnes qui a constitué un même mandataire pour une affaire commune est tenue solidairement envers lui. Mais il est bien évident qu'en la reproduisant, nos rédacteurs n'ont pas songé que, de cette disposition, on pourrait induire que la caution ne doit pas être subrogée au droit du créancier de demander la totalité à chacun des débiteurs solidaires, en supposant qu'elle n'en a cautionné que quelques-uns. Il n'y a donc pas encore là grand parti à tirer de l'article 2030.

100. — Le véritable motif se trouve dans l'article 1252. Non, la caution ne pourra pas s'adresser au débiteur solidaire qu'elle n'a pas cautionné et lui dire : Le créancier aurait pu vous demander la totalité de la dette ; or, je vous la demande, car je suis subrogée à tous ses droits, parce que ce débiteur serait autorisé à lui répondre : Vous voulez exiger de moi que je vous désintéresse complétement ; mais, si je le fais, c'est donc moi qui aurai acquitté la dette en entier et qui devrai être subrogé aux droits du créancier, aux termes de l'article 1251 3° ? Or, comme d'un autre côté, l'article 1252 me subroge tant contre le débiteur que contre la caution, je vais pouvoir vous réclamer une portion de ce que je vous aurai payé. Mais, à quoi bon vous donner d'une main ce que je puis immédiatement vous reprendre de l'autre ?

101. — La caution qui aura désintéressé le créancier ne

pourra donc pas se prévaloir de la subrogation pour exiger que les débiteurs solidaires qu'elle n'a pas cautionnés lui payent la dette en entier (1); et l'action qu'elle intentera contre chacun d'eux ne devra se mesurer que sur l'intérêt qu'ils avaient à l'extinction de la créance. Or, au moment où elle a payé, la caution les a libérés chacun pour sa part, augmentée de la portion qu'il leur aurait fallu prendre dans les insolvabilités de leurs codébiteurs.

192. — Remarquons que cette action que la caution intentera de son chef lui sera, dans certains cas, plus utile que celle dont il lui est aussi permis d'user comme exerçant, en vertu de l'article 1166, les droits de son débiteur. La somme à réclamer sera la même; mais, avec l'action qui lui est propre, elle gardera tout ce qu'elle aura obtenu; tandis qu'en agissant au nom du débiteur, ce qu'elle obtiendra tombera dans la masse et devra se partager au prorata entre tous les créanciers.

193. — Nous avons examiné le recours que la caution peut exercer contre le débiteur principal ou les débiteurs principaux; il nous reste maintenant à parler de celui qu'elle a contre les condéfusseurs et aussi contre les tiers détenteurs d'immeubles qui étaient hypothéqués à la dette cautionnée.

194. — L'article 2033 règle le recours que la caution qui a acquitté la dette peut exercer contre ses condéfusseurs; elle ne peut exiger de chacun d'eux que sa part et portion dans la dette.

195. — Mais la caution aura-t-elle un recours contre le tiers détenteur d'un immeuble hypothéqué? Et si elle en a un, quelle en doit être l'étendue?

Sur cette question, quatre systèmes peuvent se produire. L'on peut dire :

1° Que le recours sera exercé par la caution contre le tiers

(1) M. Duranton pense que dans le cas où la caution s'est fait subroger conventionnellement aux droits du créancier, en le payant, elle doit avoir un recours pour le tout contre chacun des débiteurs solidaires, même ceux qu'elle n'a pas cautionnés; mais on fait remarquer avec raison que la subrogation consentie ne peut pas avoir des effets plus grands que celle qui est établie par la loi.

détenteur, si c'est la caution qui a payé; qu'il le sera au contraire par le détenteur contre la caution, si c'est lui qui a acquitté la dette;

2° Que le tiers détenteur préférable à la caution pourra recourir contre elle, mais que la caution n'aura jamais de recours contre lui;

3° Que c'est au contraire la caution qu'il faut préférer au tiers détenteur; et qu'on doit en conséquence lui permettre de recourir contre lui, sans donner à celui-ci le même droit contre elle;

4° Qu'ils sont sur la même ligne, et que la répartition doit se faire entre eux par égales portions.

196. — Quant au premier système, bien qu'il puisse résulter des expressions de l'article 1251 ainsi conçu : La subrogation a lieu de plein droit 3°... au profit de celui qui, étant tenu avec d'autres ou pour d'autres au payement de la dette, avait intérêt de l'acquitter; il n'est pas soutenable et je ne crois pas qu'il puisse être sérieusement soutenu encore que Pothier y soit arrivé à la suite de nombreuses contradictions. C'est ainsi qu'il nous dit, d'un côté que la caution est déchargée lorsque le créancier a fait au tiers détenteur remise de l'hypothèque, de l'autre que le tiers détenteur a le droit de discussion contre la caution; puis, plus loin, qu'il a aussi le droit dans le cas où il n'oppose pas l'exception de discussion de recourir contre elle pour répéter tout ce qu'il a été contraint de payer au créancier. Mais il est impossible d'admettre que la perte définitive résultant de l'insolvabilité du débiteur puisse rester à la charge de la caution ou du tiers détenteur suivant le caprice du créancier.

197. — Pour moi, mon opinion est qu'il faut s'arrêter au troisième système, celui dans lequel on considère que la caution étant préférable au tiers détenteur, elle seule doit avoir un recours contre lui sans qu'il en ait un contre elle.

En prouvant qu'il faut préférer la caution au tiers détenteur, on établit par là que le contraire ne doit pas avoir lieu, et aussi qu'ils ne sont pas sur la même ligne; donc que les deuxième et troisième systèmes ne doivent pas être adoptés.

198. — Ceux qui prétendent que la dette doit rester à la charge

de la caution s'appuient sur l'article 2170 pour dire que le tiers détenteur d'un immeuble frappé d'une hypothèque générale pouvant renvoyer le créancier à discuter les biens hypothéqués à la même dette qui se trouvent entre les mains du principal ou des principaux obligés, *par conséquent des cautions*, la loi le regarde comme étant vis-à-vis de la caution dans une position préférable. Malheureusement, il n'est pas exact de regarder les cautions comme étant des obligés principaux ; elles ne sont que des débiteurs accessoires. On ne donne partout le nom de débiteur principal qu'à celui dans l'intérêt duquel la dette a été contractée, et cette expression semble au contraire opposée à celle de caution ; c'est ainsi que dans l'article 1252 nous lisons : La subrogation a lieu tant contre les cautions que contre le débiteur.

Pourquoi l'article 2170 ne reproduit-il pas les mêmes termes et ne parle t-il que des principaux obligés ? Est-ce un oubli de la part des rédacteurs du Code ? Non, car Pothier qu'ils suivaient voulait que le tiers détenteur pût renvoyer le créancier à la discussion des biens du débiteur et des cautions. Ils n'ont pas ajouté ces mots *et des cautions*, parce que frappés des inconséquences de la théorie de Pothier, ils voulaient innover sur ce point, comme ils le faisaient du reste quant aux biens à discuter (1).

100. — L'article 2170 ne peut donc pas être invoqué par nos adversaires, tandis qu'il est contre eux un article qui prouve jusqu'à l'évidence combien la caution est préférable, et la prééminence qu'on doit lui donner sur le tiers détenteur. C'est l'article 2037 qui proclame la caution déchargée lorsque la subrogation aux droits, hypothèques et privilèges du créancier ne peut plus par le fait de ce créancier s'opérer en faveur de la caution. Si elle est déchargée quand le créancier renonce à l'hypothèque qui garantit la créance, hypothèque qui est sienne aussi bien que

---

(1) En effet, Pothier voulait que le créancier pût être renvoyé par le tiers détenteur à la discussion non-seulement des immeubles hypothéqués ou non, mais encore des meubles des débiteurs et des cautions; aujourd'hui l'article 2170 ne permet le renvoi que lorsqu'il se trouve des immeubles hypothéqués à la même dette en la possession du principal ou des principaux obligés.

celle du créancier, et sur laquelle elle compte si bien, qu'elle peut forcer le créancier à accomplir pour la faire durer des actes conservatoires, comment peut-on admettre que cette garantie ne lui soit d'aucun secours, d'aucune utilité? D'ailleurs, comme le payement fait par le tiers détenteur éteint l'hypothèque, le créancier en recevant ce qui lui est dû ne consent-il pas par là à cette extinction, et dès lors la caution n'est-elle pas dans son droit de lui dire : qu'avez-vous fait de l'hypothèque sur laquelle je comptais? Elle est éteinte, et je ne puis m'en servir; donc je suis libéréc (art. 2037).

200. — On tire encore contre la caution un argument de l'article 2023. Si la caution ne peut pas renvoyer le créancier à discuter les biens hypothéqués à la dette qui ne sont plus en la possession du débiteur, c'est, dit-on, que la caution est moins préférable que le tiers détenteur; aussi est-ce sur elle que doit retomber la perte provenant de l'insolvabilité du débiteur. Mais on ne réfléchit pas que si l'article 2023 interdit à la caution d'indiquer au créancier des biens sortis de la main du débiteur, ce n'est pas dans le but de favoriser le tiers détenteur, mais bien de ne pas permettre à la caution de nuire aux droits du créancier en le soumettant à une discussion trop longue et trop difficile. Qu'on lise les observations faites dans le sein du Tribunat par le tribun Goupil et la réponse que lui fit Chabot, et l'on verra que l'intention du législateur était bien celle que nous indiquons. Du reste, c'est la reproduction de ce que disait Pothier. Après avoir établi que la discussion ne devait pas être trop difficile, et que, par conséquent, le créancier ne pouvait pas être obligé à discuter des biens du débiteur litigieux, il ajoutait (1) : Par la même raison, il n'est pas obligé de discuter les biens hypothéqués par le débiteur principal, lorsque le principal débiteur les a aliénés et qu'ils sont possédés par des tiers.

201. — Je crois donc qu'il faut préférer la caution au tiers détenteur et mettre à la charge de celui-ci le fardeau de l'insolvabilité du débiteur. Et n'est-il pas juste, après tout, qu'il en soit

---

(1) Pothier, n° 412.

6

ainsi, surtout si nous supposons que le tiers détenteur est un donataire? Assurément; car on doit se montrer plus favorable pour celui qui *certat de damno vitando* que pour celui au contraire qui *certat de lucro captando*. Et puis remarquons que l'intervention de la caution est complétement gratuite, tandis que le tiers, surtout s'il est donataire, mais même s'il est acquéreur à titre onéreux, a cherché dans l'opération qu'il a faite à retirer un profit quelconque; enfin que le tiers détenteur en ayant négligé de remplir les formalités de la purge est en faute, tandis que l'on n'a rien à reprocher à la caution.

§ IV. — *Des conditions auxquelles il est permis à la caution d'exercer son recours.*

202. — La caution pourra exercer son recours contre le débiteur, à la condition d'abord d'avoir payé, et en second lieu de n'avoir rien à se reprocher, ni faute, ni négligence lors du payement ou depuis.

203. — Ainsi, il faut que la caution ait payé (2028). Du reste, cette expression doit s'entendre dans un sens large et nous devrons dire qu'il y aura eu payement fait par la caution, toutes les fois que par un moyen quelconque elle aura procuré au débiteur sa libération. Or, elle peut l'avoir libéré par exemple au moyen d'une dation en payement ou d'une compensation.

204. — Mais, *quid?* Si le créancier a fait remise de la dette? Si c'est au débiteur qu'il l'a faite, celui-ci se trouve déchargé, et la caution aussi, car l'obligation principale étant éteinte, l'obligation accessoire, celle qui résulte du cautionnement doit disparaître du même coup (2034 et 1287). Dans ce cas, la caution n'a rien à réclamer au débiteur, puisqu'elle n'a rien payé.

205. — Toutefois, si le créancier n'avait fait cette remise au débiteur qu'en considération de la caution et pour la récompenser des services que celle-ci lui aurait rendus, la caution pourrait demander au débiteur l'équivalent de ce qu'elle aurait dû recevoir comme récompense des services rendus au créancier (1).

206. — Si au contraire c'est à la caution que le créancier a fait remise de la dette dans le but de lui procurer une libéralité, la caution pourra évidemment recourir contre le débiteur pour se faire rembourser le montant de la créance. En effet, le résultat doit être ici le même que si la caution ayant payé, le créancier lui avait rendu immédiatement la somme qu'il venait de recevoir. Il y a eu tradition de brève main; mais toujours est-il que le payement étant censé effectué, la caution peut agir contre le débiteur par l'action de mandat ou de gestion d'affaires et aussi comme subrogée aux droits du créancier. Le créancier aura pu effectuer cette libéralité, soit en donnant à la caution quittance du montant de la dette, soit en lui remettant le titre original sous signature privée (1282).

207. — En général, pour que la caution puisse avoir un recours à l'effet de se faire indemniser, il faut qu'elle ait payé d'une manière utile, c'est-à-dire de façon à libérer le débiteur. Ainsi, il est évident que la caution qui donnerait en payement un bien dont elle ne serait pas propriétaire, n'aurait pas éteint la dette, et n'aurait dès lors aucun recours à exercer. Mais, il se présentera souvent des cas où, bien que le payement n'ait pas été utile, le débiteur devra néanmoins indemniser la caution; cela aura lieu lorsque celle-ci n'aura aucune faute, aucune négligence à se reprocher.

208. — Quelques exemples feront bien comprendre l'application de cette idée. Je suppose que le débiteur, après avoir acquitté la dette, n'en donne pas avis à la caution qui paye à son tour. Ici la caution n'a rien à se reprocher; c'est le débiteur qui est en faute : il faudra donc qu'il l'indemnise sauf à exercer contre le créancier une action en répétition de ce qu'il a indûment reçu. Je suppose encore qu'une vente d'immeuble ayant eu lieu, une caution soit intervenue pour garantir le payement du prix ; mais, au moment de la convention, l'immeuble n'existait plus et la

---

(1) Loi 12, *Mandat.* et Pothier, n° 171.

caution qui l'ignorait a payé le prix entre les mains du vendeur ;
elle a été de bonne foi, elle n'a rien à se reprocher ; le débiteur
devra l'indemniser. Nous pouvons encore prévoir le cas où
la caution, qui a garanti le payement du prix de vente d'un objet quelconque, ignorant l'éviction que l'acheteur a subie, se libère envers le créancier.

Dans toutes ces hypothèses et autres semblables, bien que le
payement n'ait pas été utile, cependant en raison de l'ignorance
des faits dans laquelle se trouvait la caution, on lui accordera le
droit de recourir contre le débiteur, en laissant à celui-ci le soin
de répéter du créancier. Toutefois, il en serait autrement si la
caution n'avait payé que par suite d'une erreur de droit, par
exemple en s'imaginant que le prix est dû au vendeur, bien
que, lors du contrat, la chose vendue n'existât plus.

209. — Mais si la caution a été négligente, si elle a quelque
chose à se reprocher, elle n'aura pas de recours, et dans le cas
d'un payement effectué deux fois, ce sera sur elle que retombera
la nécessité de redemander au créancier ce que celui-ci aura indûment reçu.

210. — Or, elle sera en faute si, sachant que la dette est
éteinte, elle paye le créancier ; si, après avoir acquitté la dette,
elle n'avertit pas le débiteur et le laisse payer à son tour : c'est
le cas que prévoit l'article 2031 1° ; si, sans être poursuivie et sans
prévenir le débiteur principal, elle va trouver le créancier, acquitte la dette entre ses mains et veut revenir contre le débiteur
qui lui prouve qu'au moment du payement, il avait des moyens
pour faire déclarer la dette éteinte ; c'est la seconde hypothèse
prévue dans l'article 2031 2°.

211. — Toutefois, il en serait autrement, selon nous, si la
caution au lieu d'aller spontanément trouver le créancier ne
payait que sur des poursuites exercées contre elle avec assez de
vigueur pour qu'elle n'ait pû trouver le temps d'avertir le débiteur. Les termes de l'article 2031 nous permettent de le croire,
car, ils ne refusent le recours à la caution qu'autant que celle-ci
a payé sans être poursuivie et sans avoir averti le débiteur principal ; ils ne prévoient donc pas le cas où elle aurait payé étant

poursuivie et n'ayant pas averti le débiteur. Du reste, la distinction que nous faisons n'est-elle pas très-raisonnable? La caution que l'on ne poursuit pas a tout le temps nécessaire pour prévenir le débiteur de l'intention où elle est de se libérer et pour se renseigner auprès de lui; mais lorsqu'elle est actionnée par un créancier exigeant et impatient de recevoir ce qui lui est dû, peut-on raisonnablement exiger d'elle qu'elle avertisse le débiteur qui peut-être est très-éloigné? Mais pendant ce temps ses biens seront saisis, vendus, et si elle est soumise à la contrainte par corps, elle se verra peut être incarcérée. D'ailleurs ici ne pouvons-nous pas dire que c'est le débiteur qui est en faute? S'il a quelques moyens de défense, que n'en prévient-il la caution? C'est à lui à se concerter avec son mandataire; car leurs intérêts sont communs.

212. — Dans l'hypothèse que nous examinons la loi 29 *Mandati* au Dig. décidait de même; et dans notre ancienne jurisprudence, cette opinion était celle de Domat et de Pothier.

213. — Mais MM. Delvincourt et Duranton sont d'un avis contraire. Ces deux auteurs veulent que la caution, qu'elle paye spontanément le créancier ou qu'elle ne se libère que sur des poursuites exercées contre elle, prévienne toujours le débiteur sous peine de se voir refuser un recours contre lui dans le cas où celui-ci prouverait qu'au moment du payement il avait des moyens à invoquer pour faire déclarer la dette éteinte. Ils s'appuient sur l'article 1640 pour décider de la sorte; mais les deux espèces sont complétement différentes : dans l'article 1640, il s'agit d'un acheteur qui plaide, qui combat la prétention de celui qui cherche à l'évincer, et qui a tort de le faire seul et sans appeler son vendeur en cause; dans l'hypothèse que nous avons prévue, il s'agit au contraire d'une caution qui est actionnée et qui, sans plaider et sans chercher à repousser la demande du créancier, se libère entre ses mains; or, en payant, elle ne fait qu'exécuter son obligation, et si quelqu'un a été négligent et a une faute à se reprocher, c'est assurément le débiteur qui n'a pas prévenu la caution. Remarquons en outre que, pour arriver à cette décision, MM. Delvincourt et Duranton sont obligés de modifier

la rédaction de l'article 2031 2°, et de demander à ce qu'on l'entende ainsi : Lorsque la caution aura payé sans être poursuivie et sans avoir averti le débiteur, *ou lorsqu'étant poursuivie, elle a payé sans l'avertir*, elle n'a point de recours, etc. Mais, procéder de la sorte, c'est faire la loi, et non pas l'expliquer ou l'interpréter.

214. — La caution qui sait que la dette est éteinte, et qui néanmoins consent à payer le créancier, commet une faute et ne doit avoir aucun recours à exercer contre le débiteur. Mais, *quid?* si la dette est éteinte par prescription : la caution sera-t-elle tenue de l'invoquer? Non, car souvent lorsqu'on est convaincu que la dette n'a pas été payée, il répugne de recourir à un pareil moyen de se libérer. Toutefois le débiteur ne devra pas souffrir des résultats de la décision prise par la caution; et si celle-ci, après avoir payé vient à recourir contre lui, il pourra très-bien la repousser en lui disant : Vous avez cru qu'il était plus honorable de payer; mais moi, si le créancier m'avait poursuivi, je l'aurais fait débouter de sa demande en invoquant la prescription; votre excès de conscience ne peut me porter préjudice. Dans une pareille circonstance, la caution poursuivie fera bien de mettre en cause le débiteur : que si elle n'a pas le temps de le faire, et aime mieux malgré tout ne pas opposer la prescription, elle pourra payer, mais ce sera à ses risques et périls.

215. — Quant aux exceptions personnelles à la caution, elle peut négliger de les invoquer sans que le débiteur puisse se refuser à lui donner l'indemnité qu'elle réclame. Ainsi une caution mineure, ou femme mariée payera valablement entre les mains du créancier; et bien qu'elle n'ait pas fait valoir les moyens tirés de son incapacité, elle aura cependant recours contre le débiteur qu'elle a libéré et dont elle a ainsi fait l'affaire.

SECTION DEUXIÈME.

Des actions que la caution peut exercer contre le débiteur, même avant d'avoir payé.

216. — La caution intervenant dans un but complétement désintéressé, on pensa qu'il fallait la mettre à même de se faire indemniser toutes les fois qu'elle s'était trouvée dans l'obligation de payer; et c'est pour cela qu'en outre de l'action de mandat ou de gestion d'affaires, on finit par la subroger à tous les droits du créancier, afin de lui procurer un recours plus facile et plus sûr. Mais était-ce assez que de lui accorder le droit et de lui fournir les moyens de se faire indemniser du préjudice éprouvé; et ne pouvait-il pas y avoir de l'utilité pour elle à agir dans certains cas contre le débiteur même avant d'avoir payé, afin d'éviter tout préjudice et de n'avoir pas ainsi plus tard à le réparer? Les jurisconsultes romains le pensèrent; car nous trouvons dans la loi 10 au Code *Mandati* trois cas dans lesquels on permit à la caution d'actionner le débiteur même avant d'avoir acquitté la dette. C'était d'abord lorsqu'elle avait été condamnée à payer, *si neque condemnatus es*; en second lieu, lorsque le débiteur principal *était en déroute*, suivant l'expression de Pothier, *neque posteà bona sua dilapidare comprobare possis*; enfin, quand il s'était engagé vis-à-vis de la caution à lui rapporter, dans un certain temps, la décharge de son cautionnement, *neque ab initio ita te obligationem suscepisse, ut eam possis et ante solutionem convenire*.

217. — Dans la loi 38, § 1er, *Mandati* au Digeste, Marcellus, se posant la question de savoir si le fidéjusseur peut, avant d'avoir payé, agir contre le débiteur à la fin d'obtenir sa décharge, décide qu'en effet le fidéjusseur ne devra pas toujours attendre qu'il ait acquitté la dette ou qu'on l'ait condamné à la payer; il pourra encore agir, dit le jurisconsulte, *si diù reus in solutione cessavit*. Pothier (n° 441), *in fine*, a traduit ces mots ainsi: Si l'obligation de la caution dure depuis un temps considérable; et dès lors, il a vu dans cette hypothèse un nouveau cas qu'il ajoute aux trois premiers. C'était, du reste, de la sorte que l'on entendait ces expressions dans l'ancien droit ; mais il me semble que, traduites ainsi, elles ne rendent pas la pensée du jurisconsulte romain. — L'hypothèse qu'il prévoit est évidemment celle-ci : il suppose que le terme sous lequel l'obligation a été contractée étant échu, et le créancier ne poursuivant pas, cet état de choses dure depuis un long temps sans que le débiteur songe à le faire cesser en acquittant la dette, *si diù reus in solutione cessavit*. S'il avait voulu s'occuper du cas où, l'obligation ayant été contractée sans terme fixe dure depuis longtemps, il aurait dit : *Si diù reus in obligatione steterit*. Quoi qu'il en soit, l'interprétation que l'on donnait de ce texte de loi fut admise dans notre ancien droit sans contestation ; car cette hypothèse, quoique non prévue par les jurisconsultes romains, était utile à prévoir, et cela forma un quatrième cas à ajouter à ceux dans lesquels il fut permis à la caution d'agir contre le débiteur même avant d'avoir payé.

Notre ancienne jurisprudence admit donc ces différentes hypothèses : Domat, Pothier les consignèrent dans leurs écrits, et c'est de là qu'elles ont passé dans l'article 2032.

218. — Cet article en comprend cinq ; mais, comme le 1° doit rentrer dans le 4°, elles ne sont, par le fait, qu'au nombre de quatre. Nous allons les examiner successivement.

La caution, même avant d'avoir payé, peut agir contre le débiteur, pour être par lui indemnisée :

219. — 1° *Lorsqu'elle est poursuivie en justice pour le payement.* Dans la loi 10 au Code *Mandati*, nous voyons qu'il ne suffisait pas que la caution fût poursuivie ; il fallait encore qu'elle fût condamnée ; *neque si condemnatus es*. Mais notre ancien droit se montra plus favorable à l'égard de la caution et lui permit d'agir aussitôt qu'elle était poursuivie par le créancier. Pothier admit cette modification à la loi 10 ; il fit même remarquer que c'était un devoir pour la caution d'actionner le débiteur dès qu'on exerçait contre elle des poursuites ; faute de quoi, disait-il, le débiteur n'est point tenu de l'acquitter des frais faits avant qu'il ait été appelé en cause, mais seulement de l'exploit de la demande originaire et des frais faits depuis qu'il a été mis en cause.

Domat alla plus loin, et crut qu'il était juste d'autoriser la caution à agir contre le débiteur, même avant d'être poursuivie, uniquement parce que la dette était échue et que, dès lors, elle se trouvait exposée à l'action du créancier.

Nos rédacteurs du Code trouvèrent ces deux opinions, l'une de Pothier, l'autre de Domat, et les reproduisirent toutes les deux, la première dans le 1° de l'article 2032, et la seconde dans le 4° du même article, sans prendre garde qu'elles présentaient la même hypothèse et que la première était contenue dans la seconde ; car si la caution a le droit d'agir lorsque la dette est devenue exigible par l'échéance du terme, elle doit, à plus forte raison, avoir le même droit quand elle est poursuivie en justice, cette dernière époque étant postérieure à l'autre.

220. — 2° *Lorsque le débiteur a fait faillite ou est en déconfiture.* Le législateur aurait pu se dispenser de prévoir cette hypothèse à part ; car la déclaration de faillite ayant pour résultat de rendre les dettes exigibles, il eût été facile de faire rentrer ce cas dans la disposition du 4°, qui alors n'eût contenu que ces mots : *lorsque la dette est devenue exigible*, sans qu'on eût besoin de dire si c'était par l'échéance du terme sous lequel elle avait été contractée ou d'une autre manière. Et à la place du 2° on aurait dû se préoccuper, je crois, du cas où le débiteur, sans être arrivé à la faillite ou sans se trouver en déconfiture, ce qui suppose l'état d'une personne qui a plus de dettes que de biens, dissipe sa fortune et court à sa ruine. Mais on ne l'a pas fait, et, comme les termes de l'article 2032 sont limitatifs, il nous faudra dire que la caution devra assister aux folies d'un débiteur devenu subitement prodigue, sans pouvoir l'actionner même avant l'expiration du terme sous lequel la dette a été contractée, et prendre ses précautions contre son insolvabilité imminente ; elle devra attendre, pour se faire indemniser, qu'il ait plus de dettes que de biens ou qu'il soit en faillite déclarée !

221. — Supposons donc qu'il est en faillite : que va pouvoir demander la caution ? Elle devra se présenter comme tout autre créancier, et le dividende qu'elle obtiendra servira à l'indemniser en partie du préjudice qu'elle doit éprouver, lorsque le créancier

l'actionnera pour se faire payer. Mais si le créancier, au lieu d'attendre pour actionner plus tard la caution, se présente à la masse, la caution ne pourra pas s'y présenter aussi; et si elle y figure déjà, elle devra se retirer, car il est impossible que la même créance soit admise deux fois au passif de la même faillite.

222. — La caution peut avoir donné un à-compte au créancier : dans ce cas, ils pourront se présenter tous les deux à la faillite, elle pour ce qu'elle a payé, lui pour ce qui lui reste dû. Comme ce qu'il obtiendra ne suffira évidemment pas pour le désintéresser complétement, il pourra, avant de recourir contre la caution, mettre opposition entre les mains du juge-commissaire sur ce qui doit revenir à la caution dans le dividende payé par le débiteur failli.

223. — *Quid* si, après que le débiteur a obtenu un concordat, la caution vient à payer le créancier? La caution devra-t-elle observer le concordat? Assurément. Car, bien qu'elle puisse prétendre qu'elle ne doit pas être liée par un contrat dans lequel elle n'a pas été partie, il est bien évident que la position du débiteur ne doit pas être différente de ce qu'elle eût été si la caution avait payé avant le concordat. Si elle voulait y figurer, elle n'avait qu'à désintéresser le créancier.

224. — 3° *Lorsque le débiteur s'est obligé de lui rapporter sa décharge dans un certain temps.* Cette hypothèse est très-simple : le débiteur s'est engagé envers la caution à mettre dans un certain délai un terme à l'engagement qu'elle a contracté pour lui rendre service ; ce délai étant expiré, il est clair qu'en vertu de la convention, la caution pourra agir contre le débiteur pour que celui-ci lui procure sa décharge.

225. — 4° *Lorsque la dette est devenue exigible par l'échéance du terme sous lequel elle avait été contractée.* (Voir la remarque que nous avons faite à ce sujet sur le 1°.)

226. — 5° *Au bout de dix années, lorsque l'obligation principale n'a point de terme fixe d'échéance, à moins que l'obligation principale, telle qu'une tutelle, ne soit pas de nature à pouvoir être éteinte avant un temps déterminé.* Nous avons dit [n° 217] comment cette hypothèse s'était introduite dans notre ancien droit par suite de l'interprétation détournée que l'on avait donnée aux expressions de la loi 38, § 1er, *Mandati* au Dig. : *Si diù reus in solutione cessarit.*

Nos anciens auteurs, du reste, n'étaient pas d'accord sur l'étendue qu'il fallait donner au mot *diù.* Pothier nous en fait la remarque. « La loi, dit-il, par ce mot *diù*, désigne un temps « considérable; mais elle ne le détermine pas précisément. Bar- « thole l'arbitre à deux ou trois ans; plusieurs l'arbitrent au « temps de dix ans, depuis la date du cautionnement; on ne « peut rien définir à cet égard; cela doit dépendre des circons- « tances et être laissé à l'arbitrage du juge. » Le législateur a bien fait de lever toutes ces difficultés en posant dans l'article 2032 une limite certaine, celle de dix années.

Ainsi, toutes les fois que l'obligation principale n'aura point de terme fixe d'échéance, la caution pourra, au bout de dix ans, exiger du débiteur que celui-ci lui procure sa décharge. Le texte ajouté : A moins que l'obligation principale, telle qu'une tutelle, *ne soit pas de nature à pouvoir être éteinte* avant un temps déterminé. On saisit dans ces expressions quelle a été la pensée du législateur; mais je crois qu'il eût été plus correct de dire : A moins que l'obligation principale, telle qu'une tutelle, *soit de nature à ne pouvoir être éteinte* avant un temps déterminé. Dans ce cas, la caution pourra se trouver encore obligée, même après un laps de temps de dix années, et cela parce qu'en s'engageant elle a dû savoir que l'obligation à laquelle elle accédait était de nature à ne pouvoir être éteinte par le débiteur avant la fin de la tutelle.

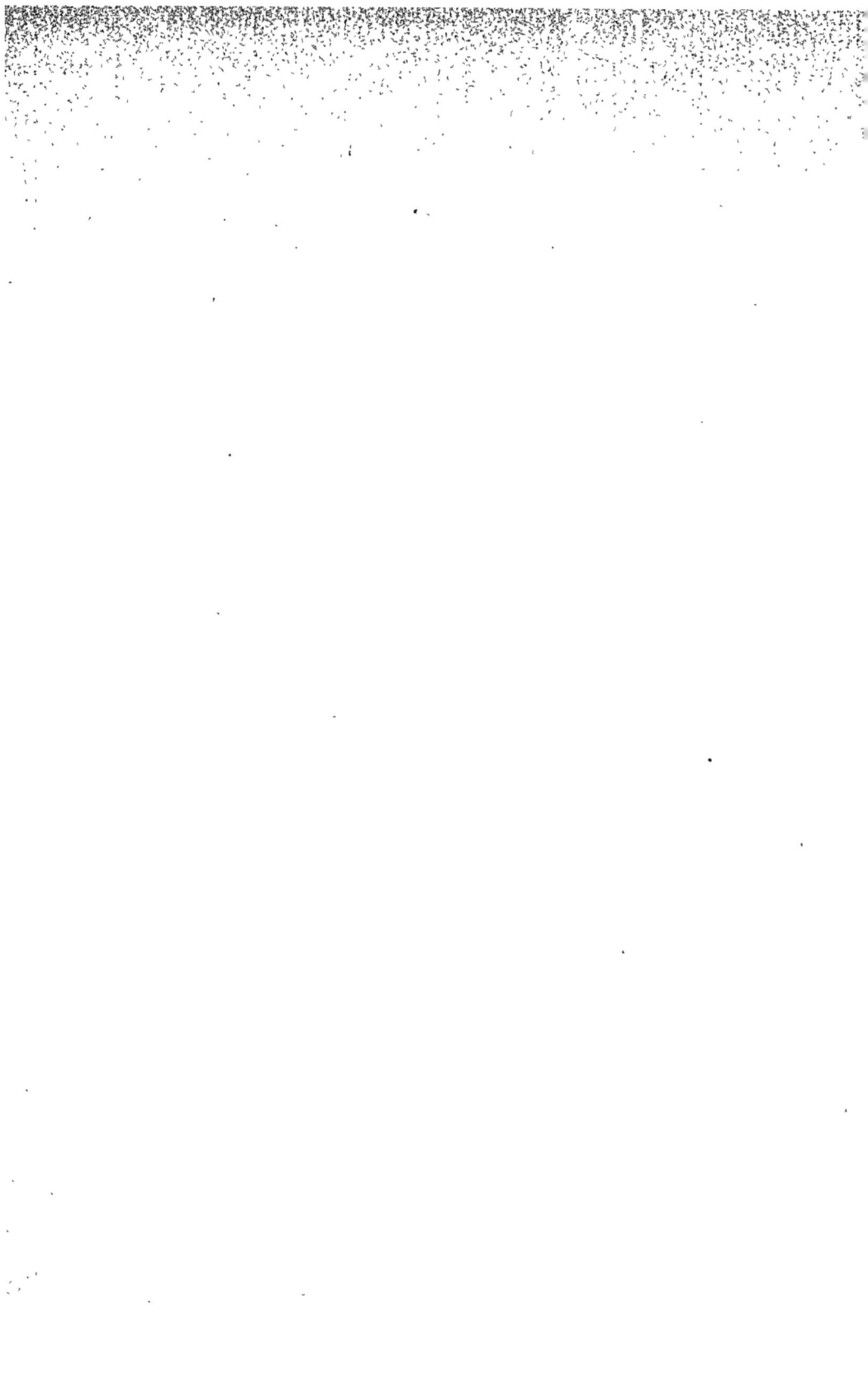

POSITIONS SUR LE SUJET DE LA THÈSE.

1. — Lorsque la caution poursuit le créancier qui se trouve débiteur envers elle pour d'autres causes, celui-ci ne peut éviter de payer en invoquant la compensation ; car la caution, pour ce dont elle est tenue envers lui, peut le renvoyer à discuter les biens du débiteur principal (n° 27).

2. — Le créancier peut poursuivre directement la caution sans avoir mis le débiteur en demeure de payer (n°s 28 et suiv.)

3. — La caution qui commence par nier, soit l'existence de l'obligation principale, soit le fait ou la validité de son accession à cette obligation, ne doit pas être regardée comme déchue du droit d'invoquer plus tard le bénéfice de discussion (n° 40).

4. — L'exception de discussion n'est pas une exception dilatoire, et la caution ne peut être privée du droit de l'opposer plus tard, si elle ne l'a pas proposée, comme le veut l'article 186 du Code de procédure, conjointement avec les autres exceptions dilatoires (page 22, note 2).

5. — La caution peut renvoyer le créancier à la discussion des biens même du débiteur solidaire qu'elle n'a pas cautionné (n° 61).

6. — Quand des cautions déclarent s'obliger solidairement et comme débiteurs principaux, nous devons les considérer comme ayant eu l'intention de renoncer tout à la fois et au bénéfice d'ordre et au bénéfice de division ; mais, lorsqu'elles ont dit simplement : nous cautionnons un tel, et nous nous engageons soli-

dairement, elles n'ont entendu par là renoncer qu'au seul bénéfice de division (n°s 74 et suivants).

7.—Les cautions ne sont pas tenues, en vertu de l'article 2025,
solidairement avec tous les effets légaux de la solidarité ; elles ne
sont tenues qu'*in solidum* (page 38, en note).

8. — Lorsqu'il y a deux débiteurs solidaires ayant donné chacun séparément une caution, celle des deux cautions qui sera
actionnée ne pourra pas exiger que le créancier divise son action
entre elle et l'autre caution (n°s 83 et suivants).

9. — Si, parmi les cofidéjusseurs, il s'en trouve quelques-uns
qui n'avaient pas la capacité de s'obliger quand ils se sont portés
cautions, on devra néanmoins les compter parmi les fidéjusseurs
solvables, pourvu qu'au moment où le jugement prononce la division ils n'aient pas encore manifesté l'intention de demander la
nullité de leur engagement (n°s 98 et suivants).

10. — La solvabilité des cautions ne doit pas s'apprécier dans
le temps où la division a été demandée, mais bien à l'époque où
elle a été prononcée (n°s 101 et suivants).

11. — Le bénéfice de division peut être demandé en tout état
de cause, même en appel. — Si les poursuites exercées contre la
caution sont extra-judiciaires, elle peut opposer l'exception de
division, même après la vente des biens saisis et tant que les
deniers n'ont pas été partagés (n° 105 et suivants).

12. — Dans le cas où la caution poursuivie a donné précédemment un à-compte, ce que, sur sa demande, on doit diviser,
ce n'est pas la somme due, déduction faite de l'à-compte payé,
mais bien la somme tout entière (n° 119).

13. — Il est permis au créancier qui divise son action et ne
poursuit un fidéjusseur que pour sa part, de revenir sur cette
division tant que ce fidéjusseur n'a pas acquiescé à la demande
ou qu'il n'est pas intervenu un jugement de condamnation, si
celui qu'il a actionné était obligé solidairement; mais, s'il
n'était pas tenu de la sorte, le créancier ne pourrait revenir sur
la division une fois consentie et opérée par lui (n° 125).

14. — Lorsqu'une personne, après avoir cautionné un débiteur malgré lui, vient à acquitter la dette, elle doit avoir contre

ce débiteur une action jusqu'à concurrence du profit que celui-ci a retiré de sa libération (n°° 113 et suivants).

15. — La subrogation doit profiter à la caution sans nuire à personne. — Conséquences (n°° 149 et suivants).

16. — Bien que la caution qui paye soit subrogée à tous les droits du créancier, je ne crois pas qu'elle le soit au droit de demander la résolution d'une vente dans le cas où elle a payé au vendeur le prix dont elle lui avait garanti le payement (n° 158).

17. — Prescription des actions dont jouit la caution (n° 162).

18. — Le fidéjusseur qui n'a cautionné qu'un ou plusieurs débiteurs solidaires ne peut réclamer la totalité de la dette qu'à chacun de ceux qu'il a cautionnés. Quant à chacun des autres, il ne peut les contraindre à l'indemniser que jusqu'à concurrence de l'intérêt qu'ils avaient à l'extinction de la dette (n°° 182 et suivants).

19. — La caution qui a payé peut agir contre le tiers détenteur, sans que celui-ci puisse avoir de recours contre elle, dans le cas où ce serait lui qui aurait acquitté la dette (n°° 196 et suiv.).

20. — Il n'y a que la caution qui paye spontanément le créancier qui puisse être privée de son recours contre le débiteur, dans le cas où celui-ci lui dirait : vous avez eu tort de ne pas me prévenir, car je vous prouve qu'au moment du payement j'avais des moyens à invoquer pour faire déclarer la dette éteinte. La caution qui se libère sur les poursuites du créancier sans avoir eu le temps de prévenir le débiteur aurait donc son recours contre celui-ci (n°° 211 et suiv.).

21. — La caution, même avant d'avoir payé, peut se présenter à la faillite du débiteur; mais, si le créancier s'y présente aussi, elle doit se retirer (n° 221).

POSITIONS GÉNÉRALES.

I. — DROIT ROMAIN.

1. Quand la confusion s'opère, il est beaucoup plus exact en droit de dire qu'elle a pour effet de soustraire une personne à l'obligation que de prétendre qu'elle opère, *solutionis jure*. L'on arrive à des résultats juridiques différents, suivant que l'on se place à l'un ou à l'autre point de vue. (L. 71, D. *De fidej.*—L. 21, § 3 D. *De fidej.*)

2. Il n'est pas inutile en droit de soutenir, dans certains cas, qu'une même personne peut être tenue de deux obligations ayant pour objet la même somme d'argent. (L. 21, §§ 1, 2 et 4, D. *De fidej.* — L. 13, D. *De duobus reis constit.* — L. 95, § 3, D. *De solution.*)

3. Le *mandator pecuniæ credendæ* ne peut être condamné qu'autant que le créancier lui aura presté les actions qu'il avait contre le débiteur principal. Il n'en est pas de même du fidéjusseur. (L. 13, 18 § 1er et 17, D. *De fidej.*—L. 95, §§ 10 et 11 D. *De solution.*)

4. La petite diminution de tête du mandataire met fin au mandat. (L. 38, *princip.*, D. *De solution.* — Gaius Instit., comm. 3, § 114). Nous devons reconnaître que la question était controversée et que les lois 95, § 6, D. *De solution.*, et 56, § 2, *De verb. oblig.* fournissent des arguments assez puissants contre notre thèse.

II. — DROIT FRANÇAIS.

5. Le vendeur ou le donateur ne peut pas prescrire la chose qu'il a vendue ou donnée, s'il ne l'a pas livrée.

6. L'héritier qui n'aura ni accepté, ni renoncé restera héritier pur et simple au bout de 30 ans; mais les trente ans ne courront que du jour où il aura pu exercer la faculté dont parle l'article 789.

7. La présence d'un légataire universel ne fait pas obstacle à la renonciation des héritiers légitimes qui seraient venus à son défaut.

III. — HISTOIRE DU DROIT FRANÇAIS.

8. Les Gallo-Romains n'étaient pas justiciables de l'assemblée composée des hommes de la localité; il est probable que le Comte présidait à la justice des Germains dans l'assemblée locale, et qu'à côté se trouvait une organisation judiciaire pour les Romains. Il en était du reste ainsi dans le gouvernement que les Ostrogoths avaient fondé en Italie.

9. L'émancipation des villes au xiii° siècle n'est pas due entièrement à l'initiative royale. La Royauté ne fit que la seconder, et encore ne le fit-elle que dans un but intéressé.

IV. — DROIT PÉNAL.

10. L'article 69 du Code pénal, établissant que la peine prononcée contre le mineur de 16 ans qui n'a commis qu'un simple délit ne pourra s'élever au-dessus de la moitié de celle à laquelle il aurait pu être condamné, s'il avait eu 16 ans, est applicable dans les matières non réglées par le Code pénal et régies par des lois et règlements particuliers.

11. En vertu de l'article 363 2° du Code d'instruction criminelle, lorsque l'accusé est convaincu de plusieurs crimes ou délits, la peine la plus forte doit être seule prononcée. Il en doit être ainsi, qu'il s'agisse de peines de même nature ou de nature différente. C'est donc à tort que la Cour de cassation décide que les peines de même nature doivent être subies cumulativement jusqu'à concurrence du *maximum* de la peine.

12. Lorsque, sur l'exhibition d'un ordre formel à lui donné par le Ministre de la justice, le Procureur général près la Cour de

cassation dénoncera à la section criminelle des actes judiciaires, arrêts ou jugements contraires à la loi, si ces arrêts ou jugements sont annulés, nous pensons qu'il n'y a pas lieu de décider, comme dans le cas de l'article 442, que les parties ne pourront s'en prévaloir pour s'opposer à leur exécution.

V. — DROIT INTERNATIONAL.

13. Le traité qui intervient entre deux nations dont l'une a vaincu l'autre, est valable et ne peut être attaqué sous prétexte que le consentement donné par la nation vaincue n'a pas été libre. Il en serait autrement si le traité n'avait été conclu qu'à la suite de violences exercées contre celui qui représente une nation.

14. Les révolutions intérieures d'un pays ne doivent avoir, en principe, aucune influence sur les traités conclus par les gouvernements précédents avec des puissances étrangères.

Vu par le Président de la Thèse :

ORTOLAN

Vu par le Doyen :

PELLAT.

Permis d'imprimer le 7 août 1852.

Le Recteur de l'Académie de la Seine :

CAYX.

TABLE DES MATIÈRES.

PARIS, IMPRIMERIE DE LACE DUPONT.

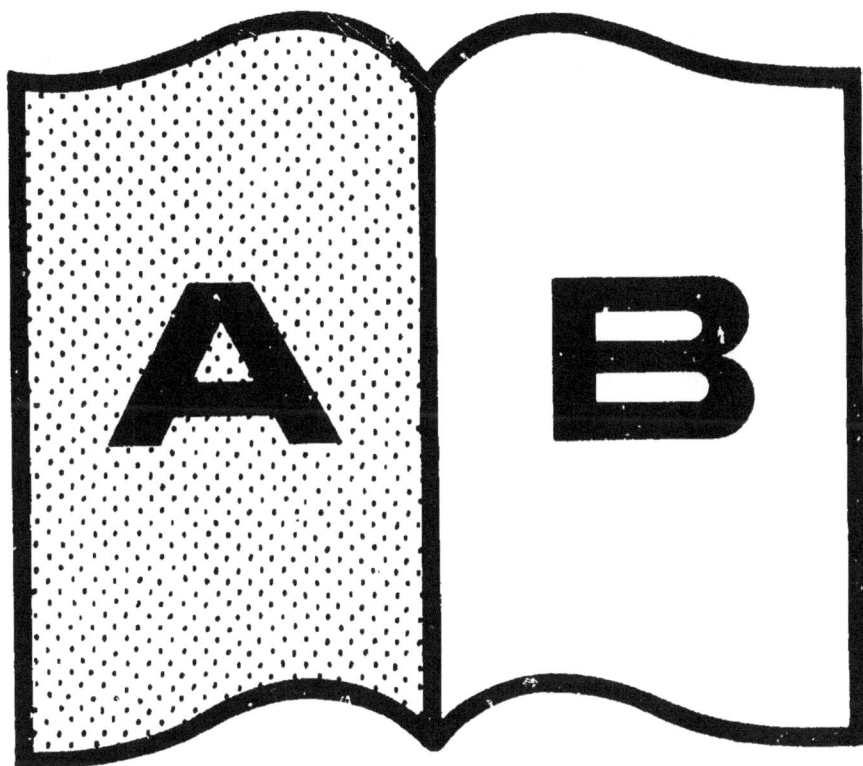

Contraste insuffisant

NF Z 43-120-14

www.ingramcontent.com/pod-product-compliance
Lightning Source LLC
Chambersburg PA
CBHW071518200326

41519CB00019B/5978